"학교 교육 따위가 내 배움을 막을 수 없다" -마크 트웨인

좌충우돌

청년
창업

– 청년창업 임상보고서 –

박주한 · 박항준 · 최미순 지음

BOOK STAR

그저 평범했던 열아홉 살 청년이 기술보증기금

창업진흥원 주관 『기술혁신형 창업기반지원사업』에

선정되기까지의 2년간의 좌충우돌 창업 고군분투기

그리고

이를 옆에서 지켜보고 응원해 주었던 다양한 분야의

선배 멘토들의 진솔한 이야기

19세 고졸 학생의 창업 임상실험 이야기

만 19세 고3 아이가 대학에 떨어졌다. 이 책은 세상 물정도 모르는 이 인문계 고등학교 졸업생이 사회 첫발을 창업이라는 길로 들어서게 되고, 이를 통해 청년 창업가가 되어 가는 과정을 담은 실제 이야기다.

예비 창업 1년과 창업 후 1년 동안 100여 곳의 창업 행사를 누비고, 창업에 필요한 교육에 참여하고, 자격증을 따고, 정부지원사업을 신청하고, 법인을 설립하고, 매출을 일으켜 세금계산서를 발행하고, 그 과정에서 실수도 하게 되고, 좌절도 경험하고, 성취감도 느끼며 좌충우돌하면서 청년 창업가로서의 길을 조금씩 걷기 시작한다.

생애 최초 창업이라면 꼭 읽어보고 시작해야 할 책!

이 책이 세상에 나온 이유는 명확하다. 아무리 창업 시스템이 잘되어 있는 한국에서라도 19세 청년이 창업을 하려고 할 때 그 막막함은 최고치에 이르게 된다. 막상 창업을 하려면 어디서부터 해야 하는지? 무엇을 먼저 해야 하는지? 누구를 만나야 하는지? 어떻게 해야 하는지? 전혀 알 수가 없기 때문이다.

혹 창업을 생각하거나 제2의 인생을 꿈꾸고 있는 대학 재학생이나 졸업생, 직장인, 퇴직자분에게 이 책은 열아홉의 청년 창업가 겪었던 경험을 함께 공유하는 책이다.

이 책은 쉽고 실제적이다. 실제 창업 경험이 풍부한 액셀러레이터들이 열아홉의 창업자와 대화를 나누고 청년 창업가로 성장하는 과정이 대화 형식으로 펼쳐져 있기 때문이다. 책의 시작은 초기 창업자가 생각할 수 있는 단순한 고민부터 시작한다. 그리고 그 뒤를 응원해 주는 경험 많은 선배들과의 대화가 이어지는 책이다.

열아홉의 창업자가 안정적인 창업기업을 이루기까지의 좌충우돌한 이야기 속으로 함께 들어가 보자.

2020. 4
액셀러레이터 박항준 대표
박주한 청년 사업가

코어쉬프트 사회

패러다임쉬프트 시대의 일몰(日沒)
Output의 시대에서 Outcome의 시대로!

20세기 공업 산업혁명 이후 우리는 경제, 정치, 사회가 물질적인 발전에 발전을 거듭하면서 전통적인 표준값들이 변화되고 있음을 실감하며 살고 있다. 경제는 거시경제와 미시경제로 나뉘고 각 경제 지표의 변화 흐름에 따라 세상을 예측하고 준비하면서 살아왔다.

2008년 이후 강력한 금융위기를 뒤로하고 기업은 CSR기업의 사회적 책임이나 CSV공유가치 창출, '기부문화'와 '착한 기업', '공정무역'에 관심을 갖는 기업 문화가 정착되고 있으며, 대중은 P2P, 크라우드펀딩, 공유경제 등을 통해 중앙통제를 배제한 독자적인 행보를 걷고 있다.

1900년대 초에 태어나신 분들은 100년 만에 조선 시대와 한일합방 그리고 민족 전쟁을 거쳐 분단된 대한민국이라는 나라에 살게 되었으며, 파발마에서 스마트폰을, 짚신에서 하이힐을 경험하는 물질적 격변의 세상을 사셨던 세대들이다. 학자들은 이러한 세상을 '패러다임쉬프트 시대 Paradigm – shift era'라고 부른다.

그런데 지금 우리에게는 부모님의 세대에서 마저도 전혀 경험하지 못했고, 상상하지도 못한 현상들이 눈앞에 펼쳐지고 있다. 직업의 70%가 없어질 것이라 예측한다. 기존 산업은 붕괴되어 융복합되고 있다

전통적 표준값들의 변화로 우리는 보다 빠르고, 보다 효율적이며, 보다 정밀한 전문적 지식을 요구받게 된다. 전문가의 사회 즉, 전문가들로부터 탄생한 결과물을 중시하는 'Output의 사회'가 온 것이다. 경제학자, 철학자, 공학자, 의학자, 생물학자, 경영학자, 법학자, 정치학자, 심리학자 등으로 전문분야와 인력이 나뉘게 된다.

그런데 최근 이상한 현상이 최근 우리 주변에 일어나고 있다. 경제학자들의 경제 예측이 매년 제대로 들어맞은 적이 없다. 경제이론을 잘 아는 경제학자 중에 거대 부자가 제대로 없다. 심지어 블록체인 금융 관련해서는 틀린 예측으로 노벨경제학상 수상자도 자신들의 주장을 정정하기 바쁘다. 이제 경제학자들의 주장을 그대로 받아들여 정책을 기획하는 정치인이나 이들의 말을 그대로 믿고 경제에 투자하는 국민은 없다.

사회 철학은 더 심각하다. 현대 철학자들은 철학적 실험에 몰두하여 사회의 변화를 이끄는 몇 가지 변수를 찾아내는 데 만족할 뿐 공자나 소크라테스, 아르키메데스처럼 세상을 바꿀 철학 이론을 만들어내지 못하고 있다.

법률 전문가들이 만들고 집행하는 '법'도 문제다. 툭하면 헌법재판소에 위헌 심판을 제기하고, 대법원까지 가야 재판이 끝난다. 그

마저도 승복하지 않고 몇십 년 후 재심 청구를 한다. '법'에 권위가 없어져 보인다.

왜 수백 년 전 철학과 수학, 공학, 천문학을 다 함께 다루던 범전 문가 시대와 달리 슈퍼컴퓨터와 AI를 기반으로 평생 전문가 교육을 받은 이들의 권위와 그들의 결과물Output이 인정받지 못하는 시대가 되었을까? 지금은 기자도, 판검사도, 선생님도, 교수도, 공무원도, 종교인도, 정치인도 심지어 의사라는 전문가들마저 신뢰받지 못하고 권위가 바닥으로 떨어진 시대다.

그렇다. 지금은 패러다임쉬프트 시대 전문가의 전문지식Output이 무용지물이 되어가고 있는 시대이기 때문이다. 우리가 사는 지금은 패러다임의 변화를 넘어 '코어Core, 핵심, 과일의 심'가 뒤바뀌는 시대로 진입된 것이다. '코어Core'가 바뀌는 사회는 평균값이 달라지는 패러다임의 변화 단계로는 설명되지 않는다. 새로운 게임의 룰이 만들어져야 하는 시기이기 때문에 기존의 지식Output이 무용지물이 되는 것이다.

기업의 모든 경제활동, 정치제도, 사회문화 분야에 있어 이제 우리는 우리가 원하든 원하지 않든 상관없이 새로운 시대적 요구에 직면해 있다. 새로운 게임에 맞는 다양한 철학적, 경제적, 공학적 지식들을 모두 모아 새로운 룰 즉, 'Outcome'을 찾아내야 하는 숙제를 안고 있는 것이다. 이러한 'Outcome'의 사회를 '코어쉬프트 시대Core-shift era'라 명명한다.

　정규분포 확률을 설명한 가우스 함수에 의해 만들어진 평균 확률 곡선이 이동되는 것을 '패러다임쉬프트 Paradigm Shift'라고 한다.

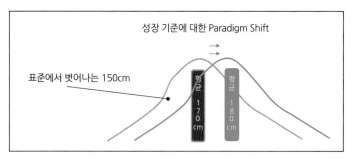

[패러다임쉬프트(paradigm-shift)]

　패러다임쉬프트에 의해 상식이 비상식이 되기도 하고, 내가 이제껏 살아오면서 가져왔던 삶의 기준이 비정상이나 틀린 기준이 될 수 있다. 이를 본인만 맞다고 고집하고, 강요하면 청년들은 이들을 '꼰대'라 부른다.

　예를 들어 우리는 일반적으로 성장의 기준을 키로 본다. 20대 남성의 평균 키가 170cm에서 10년 후 180cm로 바뀌었다면 기존 정상군群에 속했던 155cm의 키는 비정상군群에 속하게 된다. 그래서 정상군의 키로 키우기 위해 성장전문가들이 생기게 된다. 부모들은 정상적인 자녀의 성장을 위해 큰돈을 소비해 가면서 수면, 음식, 보약 심지어 성장 수술까지도 전문가들에게 의뢰하고 있다.

　반면 시간이 지나고 사회가 바뀌면서 성장의 기준 자체가 달라지는 세상이 올 수 있다. 성장의 기준이 육체적 성장에서 정신적 성장으로 바뀌게 된다면 무슨 일이 일어날까? 성장의 기준을 'SQ사회적지수', 'IQ지능지수', 'EQ감성지수'의 값으로 바꾼 사회가 온다면 기존 성장의 기준이었던 '키'는 무용지물이 된다. 이렇듯 나선형 사회발전에 의한 역사 순환으로 역사가 '터닝 포인트'를 찍고 위아래 또는 좌우의 방향 즉, '기준의 차원'이 바뀌는 것을 '코어 쉬프트core-shift'라고 한다.

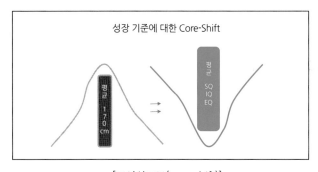

[코어쉬프트(core-shift)]

　경제적으로는 인류 초기 사회에서 독자 사냥능력이 부족하고, 네안데르탈인이나 고대 동물들에 비해 힘과 몸이 약했던 인간호모사피엔스들은 그들의 약점을 극복하고자 사회화를 이루게 된다. 사냥을 공동으로 하고, 사냥과 농사업무에 대한 각자의 역할을 구분하고, 사회에서 얻은 성과물을 공동으로 함께 나누는 '공산주의'라는 개념의 Core-shift가 탄생하게 된 것이다.

공동생산 공동소비라는 공산주의의 탄생 초기 '완전 공유된 공산주의'가 나타나면서 보다 고도화 된다. 사회의 리더가 성과물을 나누고 사냥에 직접 참여한 사람에게 우선순위를 제공하는 식의 공산주의적 Paradigm-shift가 일어 났는데 이를 '원시 공산주의'로 볼 수 있다. 이후 '원시 공산주의'는 수많은 세월이 흘러 변형되고 변화되며 수정되어 왔으며 결국 제사장이나 국왕에게 권력을 위임하는 '전제주의'로 패러다임이 변화하기 된다.

전제주의는 개인의 자유와 인권을 무시하는 공산주의적 폐단으로 인해 더 이상 발전paradigm-shift하지 못하고 그 수명을 다하게 되는데 이후 자율경쟁이라는 Core-shift에 의해 탄생한 새로운 개념이 바로 '자본주의'다.

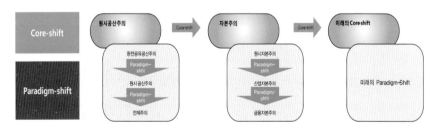

[경제 발전의 Core-shift와 Paradigm-shift의 역학관계]

※ 공산주의와 자본주의에 대한 경제사나 발전사는 학자들마다 용어나 기준이 다르다. 상기 발전사는 Core-shift와 Paradigm-shift의 차이점을 이해하기 쉽게 편집한 내용임을 참고하기 바란다.

이후 '자본주의'는 산업혁명 이전까지는 '공산주의'의 폐해에 대한 반대 개념으로 발전하게 되는데 이를 '원시 자본주의'라 할 수 있다. 이 '원시 자본주의'는 산업혁명을 맞이하면서 꽃을 피우게 되는데 바로 제사장이나 국왕으로부터의 경제적 권력이 자본가에게 넘어가게 되는 패러다임쉬프트가 발생하면서 '산업자본주의'가 탄생하게 된다. 산업자본주의는 최근 수백 년간 탄탄대로를 걷게 된다. 이후 산업이 급속도로 발전하던 시대가 지나고 산업발전 속도와 규모가 줄어들게 되면서 그간 축적된 산업자본들이 갈 곳을 잃게 되고, 이에 대한 대안으로 '금융자본'이 탄생한다. '금융자본'은 생산적인 분야에 자본을 투자하는 것보다 금융에 투자하기를 선호하는 자본이다. 즉, 돈 놓고 돈 버는 시스템으로 리스, 보험, 대출, 보증업무에서부터 선물옵션, 주식, 파생금융상품에 이르는 분야로 자본의 투자분야를 확대하게 된다. 결국 산업자본주의에서 2008년 금융위기 前까지는 '금융자본주의'의 패러다임쉬프트가 일어났던 것이다.

2008년 리먼브라더스는 600조 원 규모의 부채를 안고 파산한다. 이 사건 이후 전문가들은 '금융자본주의'의 종말을 예고해왔다. 비록 공유사회나 CSR기업의 사회적 책임, 나눔경제를 외치면서 꺼져가는 '금융자본주의'의 생명을 조금은 연장하고 있는 듯하지만 이제 불평등하고, 불공정한 자본주의는 끝나고 전혀 다른 개념의 코어쉬프트가 '자본주의'를 대체할 것이라는 점에는 의심의 여지가 없다. 이에 대한 대표적인 도전이 바로 탈중앙화를 외치면서 2009년 1월에 탄생한 '블록체인'이다.

현재 우리가 사는 사회는 이렇게 혼란스러운 사회다. 세계적인 전염병이나 자연재해로 인한 혼란 외에도 전혀 다른 사회적 분위기가 감지되고 있다. 정치, 사회, 경제, 문화, 환경 모든 분야에서 기존의 벽이 허물어지고 있다. 바로 코어쉬프트가 우리 눈앞에 펼쳐지고 있기 때문이다.

◾ 남반구에서 북극성 찾는 이! 21세기의 낙오자

신혼여행으로 호주를 처음 방문한 적이 있다. 저녁 밤하늘 해변에 누워 수많은 별들을 바라보다가 나는 문득 습관적으로 '북두칠성'을 찾기 시작했다. 이후 나는 내가 얼마나 어이없는 행동을 하고 있었는지 깨닫게 되었다. 우리가 사는 북반구와는 달리 호주는 남반구에 위치한 나라다. 당연히 남반구에서 보이는 별만 볼 수 있었던 것이다. 남반구에 가서 북두칠성을 찾다니… 'Core shift'를 인지하지 못한 개인적인 에피소드다.

1865년 영국에서는 '붉은 깃발 법'이 존재했었다. 자동차는 도심에서 시속 3㎞ 이상으로 속도를 낼 수 없으며 그 전방 50m 앞에 붉은 깃발을 든 사람 셋이 걸어가면서 자동차가 온다는 것을 알리도록 해야 한다는 법이다. 당시 주류였던 '마차 산업'을 보호하기 위한 이 엉뚱해 보이는 법이 대표적인 'Core-shift'를 인지하지 못한 대표적인 사례다.

혹시 여러분은 이 두가지 이야기를 보면서 당시 사람들의 우매함에 비웃고 있을지 모른다. 그러나 비웃던 여러분 자신도 '코어쉬프트' 시대에 살면서 이를 인식하지 못하고 옛 기준이나 기득권을 고수하려 한다면 모두가 같은 어리석음을 그대로 답습하고 있는지 모른다.

03 코어쉬프트 사회의 탄생

'코어쉬프트 시대'를 예측하려면 2018년 노벨경제학상 수상자인 '폴 로머' 교수의 '내생 성장모형'을 잠시 살펴볼 필요가 있다.

컴퓨터와 인터넷의 발전으로 '컴퓨터 네트워킹 산업혁명' 이후 그간 혁신적으로 축적되어 왔던 블록체인, AI, IoT 등의 디지털 기술은 '디지털 산업혁명'의 폭발을 예견하고 있다. 더불어 새로운 경제/사회 시스템이 내생적 디지털 기술과 서로 화학적인 결합을 하려는 움직임을 보이고 있다. 이러한 '이행기적 징후'로 대표적인 것이 '블록체인'이다. '탈중앙화'를 기치로 탄생한 '블록체인'은 기존 표준값이 바뀌는 '패러다임쉬프트'로는 해석되지 않는다. '블록체인'은 '정보공학기술'이 '사회철학' 및 '금융공학'과 결합되어 탄생한 새로운 사회의 성장 기준이기 때문이다.

블록체인의 탄생은 수명이 다한 '금융자본주의'가 지금과는 전혀 다른 경제적 패러다임의 도전이라 해석된다. 그간 자본주의의 핵심을 이루었던 '자유와 평등 하의 경쟁'에서 전혀 다른 개념의 사회가 탄생하는 것이다. 이러한 사회를 '코어쉬프트 사회 core – shift society'로 명명한다. '코어쉬프트사'는 평균값이 달라지는 '패러다임쉬프트'

변화 단계가 아닌 새로운 게임에 새로운 룰rule이 제시되는 사회다.

따라서 '코어쉬프트 사회'에서는 기존의 일자리가 점점 무용지물이 된다. 혹자가 기술의 발달로 기계의 인간 대체로 인해 일자리가 줄어들 것이라고 예측하지만, 실제 일자리가 주는 가장 큰 이유는 산업이 디지털 경제로 재편되면서 기존 일자리의 표준이 무용지물이 되기 때문이다. 만일 '코어쉬프트 사회'를 인식하지 못하고 정부가 기존 일자리를 늘리려고만 한다거나 기존 일자리 유지에 많은 비용을 지출한다면 대표적인 정책실패 사례가 될 것이다.

물론 개인들도 '패러다임쉬프트 시대'의 기존 룰rule에 갇혀 학습화되고, 사회생활을 준비하고, 삶을 계획한다면 '코어쉬프트 시대'에서는 낙오자가 될 것이다.

특히 '코어쉬프트 시대'에 가장 시급한 적응을 해야 하는 구성원은 바로 '기업'이다. 삼성이나 LG, 현대그룹이 지금과 같은 세계적인 기업이 된 것은 우리나라가 농업사회에서 공업사회로 전환되는 코어쉬프트 시점에서 그 흐름을 먼저 예측했기 때문이다.

반면 패러다임쉬프트가 주도하는 금융자본주의 하에서 우리는 절대 '삼성'과 '현대'를 넘을 수 없다. 그들은 공업사회에서의 온전한 승자들이며, 게임의 룰이 그들에게 맞춰져 있기에 승산이 없는 것이다. 그러나 공업사회가 지고 디지털사회로 전환되는 코어쉬프트 시대에는 유일하게 '삼성'과 '현대'를 이길 수 있는 기회가 생길 것이다. 나이, 학력, 집안, 경력과 상관없이 새로운 시대 새로운 영역을 선점하고, 새로운 룰을 만든다면 우리 모두 최고가 될 수 있는 기회가 주어지는 것이다.

▪ 내가 잘하는 게임의 룰을 만드는 창업 창직의 시대!

[JTBC의 뭉쳐야 찬다_공식포스터]

'뭉쳐야 찬다'라는 예능프로그램이 있다. 내로라하는 스포츠 분야 레전드급 선수들을 모아 축구 경기를 하는 프로그램이다. 선수 구성원 중에는 세계적인 수영선수, 마라토너, 올림픽 체조와 스피드스케이트 금메달 리스트, 농구 배구 분야 최고의 프로 선수들, 씨름 천하장사, 종합격투기 선수, 개그맨들로 구성되어 있다. 감독을 제외하고는 축구선수 출신은 전혀 없다.

각자의 전문분야에서는 아직도 출중한 실력을 보유하고 있으며, 스포츠라면 뭐든 잘할 것 같은 레전드들이다. 구성된 선수 대부분 기초체력이 출중하고 정신력이 강한 프로급 선수 출신들이다보니 축구도 빨리 적응하리라 예상했었다.

그러나 뚜껑을 열어보니 전혀 다른 결과가 나오게 된다. 아무리 천하장사라도, 아무리 세계 최고의 수영선수 출신이라 하더라도 축구는 게임의 룰과 본인들이 키워 놓은 근육을 사용하는 부분이 전혀 다른 게임이다. 이들은 초등학교 축구팀만도 못한 축구 실력으로 연패의 행진을 이어간다.

오합지졸도 이런 오합지졸이 없다. 공은 헛발질하는데 달리기만 빠른 선수가 등장하고, 손으로는 최고인데 손을 쓸 수 없는 게임이라 답답해하며 시청자들에게 웃음을 준다. 그들의 근육과 감각은 그들의 전공 게임에만 최적화되어 있기 때문이다.
아무리 전문가여도, 아무리 세계 최고일지라도 다른 분야, 다른 게임의 룰에서는 그들도 오합지졸일 뿐이었던 것이다.

이 프로그램은 코어쉬프트 시대를 맞이하는 우리에게 강력한 메시지를 주고 있다. 우리에게 얼마나 큰 기회가 오고 있는지를 알려주고 있기 때문이다. LG, 삼성, 현대, 구글, 아마존, 애플! 바로 그들과 싸워서 이길 기회말이다.

그간 금융자본주의 하에서 우리는 거대한 금융자본과 싸워서 이길 방법이 없었다. 대기업에게 은행에게 보험사에게 글로벌기업들에게 유통기업들에게 둘러쌓여 있는 우리는 '소비자'라는 닉네임으로 우리의 소득과 재산과 부와 돈을 지출하면서 살아왔다. 그들과의 싸움에서 이길 방법은 없었다. 천하의 삼성과 현대를 이길 기업을 만든다는 것은 현재로서는 거의 불가능하다. 그들과 경쟁을 하는 것은 계란으로 바위치기일 뿐이라 여겨왔다. 아마추어인 내가 아무리 연습해도 수영으로 박태환 선수를 이길 수 없다. 아무리 야구공부를 해도 프로야구의 벽을 넘을 수 없다. 프로의 벽은 엄청나기 때문이다.

그런데 '뭉쳐야 찬다'라는 프로그램이 우리에게 생존이 아닌 승리전략을 알려주고 있다. 산업화사회에서 성공한 거대한 금융자본과의 싸움에서의 승리할 수 있는 방법을 말이다.

이 방송프로그램은 우리가 그들만의 전공 게임에서 경쟁을 해서는 승산이 없음을 알려준다. 또한 아무리 프로라 하더라도 전공분야가 아니면 오합지졸이될 수 있다는 힌트를 준다. 삼성이 왜 e-삼성 등 벤처사업에는 고배를 마셨는지 이제 이해가 간다. 삼성은 프로야구선수였다. 그러나 족구는 모른다. 족구판에서는 나도 삼성을 이길 수 있다.

내가 잘 할 수 있는 게임을 만들어야 한다. 그것이 코어쉬프트 시대의 우리의 생존법이며, 그것이 기존의 대기업들을 이길 수 있는 후발기업의 생존법이다.

공업화사회에서 정보화사회로 패러다임쉬프트가 될 때도 공업화사회의 선봉장이었던 GM이 휘청거리고, 월마트가 무너졌다. 이 거대한 레전드급 기업들도 새로운 시대 새로운 게임에서는 젬병이었던 것이다.

수천 년 전 고대 시대 유명한 철학자들은 이상하리만큼 다양한 재
능을 보유하고 있었다. 그들은 정치가였고, 동시에 수학자였으며,
과학자였다. 심지어 예술가로서의 명성도 날렸다. 아리스토텔레
스, 아르키메데스, 다빈치를 비롯해 수학자로 알려진 피타고라스도
모두 같은 부류의 고대 철학자 그리고 수학자들이었다.

그러나 실제 이들은 다방면에 감각을 뛰어난 멀티플레이어가 아
닌 멀티태스킹 다중 과업화 능력의 소유자였다. 그들은 한 가지 원리를
이해했기 때문에 철학, 수학, 경제, 과학, 의학, 정치, 예술 전 분야
에 깨달은 원리를 그대로 적용했다. 반대로 한 가지 원리를 이해하
기 위해 철학, 수학, 경제, 과학 등을 공부해야만 했던 것이다.

멀티태스커들이 살던 시대에는 원시시대에서 고대시대로 넘어
오던 시대였다. 고대 시대는 What 무엇인가? 을 정의내려야할 필요성이
높아지는 코어쉬프트 시대였다. 원주율을 계산해냈어야만 항해가
가능하고 철근 없는 복층 건물을 지을 수 있었다. 우주의 구성을 이
루는 원소를 무엇인지 정의를 해야만 신학과 철학, 사회학적 근거
를 제시할 수 있었다. 이 원소가 물, 불, 나무, 철, 흙이라는 5원소

로 정의되면서 천문학이나 역학의 학문적 완성도도 높아졌다.

그러나 '무엇What'에 대한 정의는 어느 한 전문분야의 지식만으로 정의를 내리는 것은 불가능한 것이었다. 결국 코어쉬프트 시대 새로운 게임과의 그에 대한 룰rule에 대한 정의가 필요했기에 철학, 경제, 기술, 수학, 천문이라는 복합적인 지혜와 지식이 필요했던 것이다.

고대의 급진적인 코어쉬프트 시대가 지나고 근대 시대에 들어서면서 고대시대에 내려진 정의에 대한 검증의 시대가 도래한다. 검증은 각 분야의 전문가들이 맡게 된다. 따라서 멀티태스킹 능력보다는 분야별 전문지식의 소유자들이 필요하게 된다. 이제 전문가의 시대가 도래한 것이다. 패러다임쉬프트 시대로 진입하게 되면서 주로 분업화가 일어난다. 공학, 의학, 이학과 문학, 경제학, 철학이 각자 분리 발전하게 된 것이다.

그러나 전문화는 인간이 각 분야의 부품으로 취급받기도 하고, 철학적 통제를 받지 못하는 공학적 발명으로 대규모 살상무기가 개발되기도 한다. 반면 물리학과 수학적 통제를 받지 못하는 철학이 인류를 세계 전쟁으로 이끌고 수백만 명의 인명을 학살하는 결과를 낳기도 한다. 패러다임쉬프트 시대 전문화의 폐단이었다.

이제 전문화의 시대가 한계를 보이고 있다. 전문 정치인도 청문회에서 지식과 정치적 신념 외에 청렴성과 도덕성, 비전과 인격을 검증받아야 한다. 투자자들은 세계적인 경제학자들의 말을 믿지 않는다. 실제 세계적인 경제학자로서 세계적인 부자는 없다. 심지어는 세계적 권위의 의사들마저 그들의 의학적 소견이 환자나 일반인들에게 무시당하곤 한다.

　근대를 지난 현대 시대는 새로운 차원의 시대인 코어쉬프트 시대로 접어들고 있다. 이제 고대시대 아리스토텔레스처럼 새로운 정의 what 를 내리고 새로운 룰 How 을 만들어야 하는 시대가 도래하고 있으니 말이다. 새로운 룰은 새로운 철학적 기반 하에 세워져야 하며, 이 철학을 검증할 수과학적 근거가 마련되고, 수과학적 근거가 마련되면 이를 사회 공학, 정보 공학, 금융 공학에 적용하는 과정이 필요하다. 이에 불을 지핀 것이 바로 블록체인인데 정보공학 기반의 암호기술인 블록체인을 설명함에 있어 '철학'이라는 용어가 유독 많이 나오는 이유다.

　지금은 초연결 산업 간 경계가 모호해지는 빅블러 big blur 시대다. 다시 말해 다시 코어쉬프트 시대가 도래한 것이다. 코어쉬프트 시대는 새로운 룰을 만들어 나아가고 미로와 같은 이 구조를 탈출할 돌연변이 프론티어 를 원한다. 이 돌연변이가 필요한 역량이 바로 '제2의 아리스토텔레스'이며, '제2의 다빈치' 즉 '멀티태스커 Multi-tasker'다. 코어쉬프트 시대의 사회적, 철학적, 정치적, 기술적 리더들은 대중, 사회, 국가, 인류와 공유하는 명확한 철학적 기준을 제시하고, 이를 기반으로 공학, 사회학, 경영경제학적 새로운 룰을 제시해야 하기 때문이다. 자신이 배운 협소한 지식의 전문분야만으로 무턱대고 새로운 게임, 새로운 룰을 만들어 버리면 인류사회를 망치게 된다.

　결과적으로 코어쉬프트 시대가 요구하는 인재상은 명쾌하다. 사일로 silo에 갇혀 자기 분야만 연구하는 전문가가 아니다. 코어쉬프트 시대 필요한 인재는 철학과 공학, 사회학이 결합되어 보다 나은 사회기준을 설정하는데 필요한 창의성을 갖춘 멀티태스커라는 점을 명심하자.

청년 창업자의 경력관리

안녕하세요. 저는 1998년생(남)으로 고3 수능시험 직후부터 1년간의 예비창업을 준비하고, 1년 만에 법인을 창업한 청년 창업가입니다. 이 책은 제가 어린 나이에 창업을 하기 위해 1년간 좌충우돌했던 제 개인적 경험과 창업 후 1년간 매출이 일어나고 기업을 키워가면서 창업기업을 꾸려왔던 스타트업 기업의 발자취를 적어 놓은 장입니다.

특히 이번 장은 사계절 동안 발품을 팔아가며 창업과 경험을 쌓기 위해 듣고, 묻고, 배워왔던 흔적을 정리하였기에 별다른 설명 없이 있는 그대로 적어 보았습니다. 어린 청년 창업가로서 제가 걸어온 고민과 노력을 읽어주시길 부탁드립니다.

박주한 드림

■ 청년 창업자 소개

성명: 박주한(1998년 10월생, 남성)

학력 및 주요 경력

: 서울 영훈고등학교 (2017. 2월 졸업)

: 2017 대입 실패

: 2017년 1월 예비 창업

: 2018년 1월 법인 설립

: 열린사이버대학교 창업컨설팅학과 입학 (현 2학년 재학 중)

: 2019. 7~ 육군 제 55사단 현역병 입대

[박주한 대표 명함]

■ 박주한 청년 창업자의 예비 창업 기간(1년) 및 창업 직후(1년간) 시장조사 내역

2017/01   스타트업캠퍼스 참관(서울창조경제혁신센터)

2017/01   프랜차이즈 박람회(SETEC)

2017/03   제27회 국제 소싱페어(코엑스 A홀)

2017/03   국제골프박람회(COEX)

2017/03   프랜차이즈박람회(COEX)

2017/05   서울국제식품산업대전(주최: kotra 공동주최: UBM, ALLWORLD, KEM, KINTEX)

2017/10   한국전자쇼(COEX)

2017/10   벤처창업 페스티벌

2018/01   프랜차이즈 박람회

2018/11   글로벌 창년 & 스타트업 창업대전

■ 박주한 청년 창업자의 예비 창업 기간(1년) 및 창업 직후(1년간) 창업 교육 참여 내역

2017/02   SBS 아카데미 쇼핑몰기획과정
          (드로잉, 일러스트, 포토샵, XHTML, UI/UX, 타블렛)

2017/02   한국벤처기업협회 주최 PSWC프로그램 합격 및 멘토링
          (2~7월, 6개월간 멘토링 및 인큐베이팅시설 제공)

2017/02   마케터처럼 사는 CEO들의 실전 노하우 특강(온오프믹스 주관)

2017/04   마케팅 특강 대한민국에서 마케터로 살아간다는 것
          (서전빌딩)

2017/04	스타트업/벤처기업을 위한 크라우드펀딩 100% 성공 노하우 강연
2017/05	엔젤투자유치를 위한 엔젤 투자 역량 강화 교육
2017/05	창업선도대학 프로그램 교육 이수(과기대)
2017/06	[코리아스타트업포럼] 스타트업 트랙 북토크 스타트업 CEO를 위한 모든 것
2017/07	[DDP포럼 Vol.17] 왜 지금 큐레이션이가?(DDP살림터 3층 디자인나눔관)
2017/07	[백만 원으로 백일 안에 창업하기] 창업백일학교 창업 특강
2017/07	대한민국에 UX는 있는가(영풍문고 종로본점)
2017/08	SBA 스타트업 스쿨5기 합격 및 멘토링
2017/09	스마트 창작터 해커톤 교육
2017/11	쫄지마 창업스쿨 시즌 2(7,9강)
2018/05	창업선도대학 프로그램 교육 이수(국민대)
2018/05	창업 도약 패키지 교육(서울창업허브)
2018/06	SBA 신직업 스타트업 스쿨
2018/08	기술혁신형 창업기업 지원사업 교육 이수 (숭실대 파주 홍원연수원)

■ 박주한 청년 창업자의 예비 창업 기간(1년) 및 창업 직후(1년간)
투자유치 준비 및 IR 참여 내역

2017/01   창조경제 투자퍼레이드(창조경제혁신센터)

2017/01   1st 스타트업 OID(서울창조경제혁신센터)

2017/02   공공기술사업화기업협회 공개 IR (현대아산재단 MARU180)

2017/02   DDP 투자 퍼레이드(DDP)

2017/02   벤처기업 speech day(벤스데이)

2017/03   TMC 투자 퍼레이드(유오워크 강남점)(주관: AVA엔젤클럽)

2017/04   K스타트업 투자퍼레이드

2017/04   창조경제 투자 퍼레이드(주관: 서울창조경제혁신센터)

2017/04   미추홀 엔젤클럽 투자유치 사업계획 발표회(주관: 인천창조경
          제혁신센터)

2017/05   5th startup open innovation day(주관: 서울창조경제혁신센터)

2017/06   SparkLabs 9기 데모데이(장소: COEX 3층)

2017/06   (투자, 벤처) 제13차 벤스데이 개최(주관: 서울창조경제혁신센터)

2017/06   미추홀클럽 제2회 IR(인천창조경제혁신센터 미추홀타워 본관7층)

2017/06   k-startup 투자 퍼레이드(주관: 서울창조경제혁신센터)

2017/06   2017년 제5회 엔젤리더스 포럼(주관: 팁스타운s1 지하1층 팁스홀)

2017/07   2017년 제6회 엔젤리더스 포럼(주관: 팁스타운s1 지하1층 팁스홀)

2017/09   위더스 콜라보데이 –통합IR (서울창업허브)

2017/09   2017 Global accelerators & Demoday 영미권(코엑스)

2017/09   2017 Global accelerators & Demoday 중화권(코엑스)

2017/09   미추홀 엔젤클럽 투자유치 설명회(인천)

2017/10   [G허브 네트워킹 파티] (판교 경기문화창조허브)

2017/11   KDB 스타트업 데모데이 (산업은행 본점)

2017/11   R&D Startup Day (COEX)

2017/11   2017 문화예술 IR 데모데이 (블루스퀘어)

2017/11   2017 스타트업 챌린지 플랫폼 데모데이 (COEX)

2017/12   신용보증기금X로아인벤션랩 버티컬 startup [nest 2기] 데모데이

2017/12   SparkLabs DemoDay 10 (Coex Auditorium)

2017/12   스마트벤처캠퍼스 2017 venture tonight (Coex E홀)

2017/12   KB국민카드*로아인벤션랩 [Future 9 시즌1] 데모데이
(서울창업허브)

2018/02   2018년 2월 K-Startup 투자퍼레이드

2018/03   2018년 3월 K-Startup 투자퍼레이드

2018/06   2018 Global accelerators & Demoday 영미권 (코엑스)

2018/06   스파크랩 11기 데모데이

2018/07   2018년 7월 K-Startup 투자 퍼레이드

■ 박주한 청년 창업자의 예비 창업 기간(1년) 및 창업 직후(1년간)
사업설명회 참여 내역

2017/03 지역발전위원회 KCERN 공동포럼 4차 산업혁명과 지역
혁신

2017/04 산업진흥원 통합 사업설명회 (주관: G벨리 프레스센터)

2017/04 IBK투자증권과 한국 M&A센터가 함께하는 상생 컨퍼런
스 개최

2017/05 startup deep dive 2017(주관, 주최: 서울산업진흥원 본사)

2017/06 제2회 sba 서울혁신포럼(주관, 주최: SBA)

2017/08 제3회 Payoneer 포럼 (COEX: 오토볼룸관)

2017/10 업라이즈 글로벌 스타트업 포럼 - 핀테크편

2017/10 [KCERN 제40차 공개포럼] 산업혁신과 산업플랫폼
(한국과학기술원 도곡캠퍼스)

2017/11 서울시 산악협력포럼 [4차 산업혁명과 도시혁신](연세대)

2018/07 블록체인 엑셀러레이티드 컨퍼런스

2018/11 TAP CHAIN ECONOMY

■ **박주한 청년 창업자의 예비 창업 기간(1년) 및 창업 직후(1년간) 기타 창업활동**

2017/01   인천 테크노컬처밸리 사업기획 참여(주관: 인천대학교기술지주, 프랜차이즈 입주기업분야)

2017/01~ 한국청소년보호연맹 '청소년 신분확인 시스템 보급사업' 기획

2017/04   전기자동차 확대 프로그램 'BLUE SKY' 사업기획 참여

■ **박주한 청년 창업자의 예비 창업 기간(1년) 및 창업 직후(1년간) 기타활동**

2017/05   창업기업 제품 고객평가단 참가(서울)(주관: 롯데호텔B1층 사파이어 볼룸관)

2017/05   창업기업 제품 고객평가단 참가(부천)

2017/09   부천 고객평가단(고려호텔)

2017/11   인사이트코리아 고객평가단

2017/12   [SBA] 서울혁신챌린지 시민평가단

2017/06   부천 고객평가단(고려호텔)

2018/07   부천 고객평가단(고려호텔)

2018/10   롯데 고객평가단 (코엑스)

■ 박주한 청년 창업자의 예비 창업 기간(1년) 및 창업 직후(1년간)
IR 프리젠테이션 실행 활동

2017/02 (사)벤처기업협회 PSWC 프로그램 PT

2017/08 스마트 창작터 해커톤 교육 PT

2017/08 [KOCCA] 창업발전소 콘텐츠 스타트업 리그 PT

2017/08 창업선도대학(서울과기대) PT

2018/04 (사)상생비즈니스포럼 PT

2018/05 창업선도대학(국민대) PT

2018/06 세한대학교 청년 창업 특강

2018/07 도전 K-스타트업 PT

2018/07 기술혁신형 창업기반 지원사업(기보 PT)

■ 박주한 청년 창업자의 예비 창업 기간(1년) 및 창업 직후(1년간)
정부 지원사업 신청 내용

2017/02 (사)벤처기업협회 PSWC 프로그램 [합격]

2017/02 제 1차윤민창의투자재단 프로그램

2017/05 SBA 스타트업스쿨 5기 프로그램

2017/05 2017 창업선도대학 프로그램 (과기대 1차 선정)

2017/07 2017 창업발전소 콘텐츠 리그 프로그램

2017/08 제2차 윤민창의투자재단 프로그램

2017/08 2017년 2차 창업선도대학 프로그램

2017/08 한양 스타트업 아카데미 프로그램

2017/09 스마트 창작터 프로그램

2017/10   국민대학교 글로벌 메가마켓 프로그램

2018/05   2018 창업선도대학 프로그램(국민대 1차 선정)

2018/05   창업도약패키지(성장촉진 프로그램)

2018/06   2018 창업발전소 콘텐츠 리그 프로그램

2018/06   2018 KDB 스타트업 프로그램

2018/06   도전 K-스타트업(1차 선정)

2018/07   기술혁신형 창업기반 지원사업(기보 최종 선정)

2018/08   지식 서비스 유망 청년 스타트업 경진대회

2019/05   초기창업 패키지(성신여대)

PART

02 청년 창업기업 소개

■ 법인 개요

· 법인명: 덩키기프트

· 설립연월: 2018. 01

· 업종: 서비스

· 웹사이트: www.donkeygift.co.kr

· 어플: donkeygift(구글 플레이스토어)

· 주요사업: 선물 발송 후불제 쇼핑몰

· 주요모토: 선물 주고 욕먹지 말자

· 비전: 왜곡된 선물문화 개선

· 특이사항: 기술보증기금 – 창업진흥원 '기술혁신형 창업기반지원
사업' 선정(5,000만 원 지원)

■ 회사 주요연혁

· 2017. 01.   예비창업

· 2017. 07.   1차 프로토타입 개발

· 2017. 11.   www.donkeygift.co.kr 시제품 개발 및 프로세스 수정

· 2018. 01.   덩키기프트 법인 설립

- 2018. 02.   이노비즈협회 대상 O2B 영업(린테스트)
- 2018. 11.   특허 출원 완료
- 2018. 12.   상표권 특허 출원 완료
- 2019. 02.   2019 설 린테스트
- 2019. 02.   플레이스토어 앱 출시(앱스토어 출시 예정)
- 2019. 12.   상표권 등록 완료

■ Business Idea

덩키기프트 어플 서비스는 국내 Gift선물 시장에서 선물을 고를 수 없고, 형식적인 선물 지급, 중복된 선물에 따른 가치 하락 등의 문제점을 해소하기 위해 B2B 5조 원, B2C 1.5조 원 시장을 목표로 발명된 선물 선택형 후불제 쇼핑몰이다.

■ Business Model

해당 서비스는 보내는 이의 복수의 선물 선택 발송 기능과, 받는 이의 선물 선택 기능, 상호 메시지 교환 기능, SNS를 통한 선물 발송 기능, 주소 없이도 발송하는 기능을 갖고 있으며, 2년간 린테스트 결과 기존 선물 품목 대체율을 67% 이상 상회하고 있으며, 반송률과 배송 불만률이 0%에 가까우면서도 주요 상품 매출 이익률이 67% 달하는 제품 판매가 가능한 KPI를 보유하고 있으며 기존 쇼핑몰에 솔루션의 대여나 선물Gfit 메뉴를 부착 수익 배분을 할 수 있는 강력한 수익 모델을 보유하고 있다.

■ Social Impact

기업, 지자체 등 단체 선물시장과 개인 선물시장을 확대시킬 수 있으며, 기존 쇼핑몰과 제휴Shop in shop, 커뮤니티에서 메뉴, SNS 등의 선물하기 기능, CRM 고객관리 솔루션으로 사용할 수 있는 상생 모델로써, 세계 시장으로 확대가 가능한 서비스로서 향후 왜곡된 선물문화 개선에 혁신모토: 선물주고 욕 먹지말자을 이룰 서비스이다.

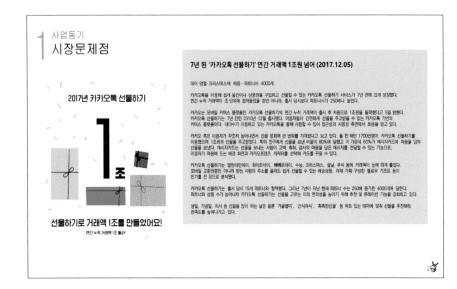

받는 이의 속마음   보내는 이의 속마음

 VS

보내는 이의 속마음 •••••• 해결 방안 •••••• 받는 이의 속마음

서비스 소개
사업 개요

상대가 원하는 선물을 직접 선택할 수 있도록
여러 가지 선물을 담아 보내는
|선물 고르기 서비스|

---

2 서비스 소개
사업 개요 (유튜브 #덩키기프트 영상)

 >  >

02. 청년 창업자의 경력관리

2 서비스 소개
서비스 특장점

전화번호로 선물보내기

- 모바일 전화번호 불러오기
- 카톡, 라인, 위챗으로 선물 보내기

선물 고르기

- 여러 가지 선물 보내기
- 원하는 선물 고르기 기능

11

---

2 서비스 소개
서비스 특장점

배송 스트레스 없음

- 명절 당일 선물 가능
- 배송시간에 쫓기지 않는 후불제

올바른 선물문화 정착

- 감사 표시기능
- 상대의 주소를 묻는 실례 불필요

12

---

3 솔루션 소개
B2C 솔루션

정식버전 개발완료

- 직영운영: www.donkeygift.co.kr

- 입점 및 메뉴개설 (목표): 알리바바, 네이버, 카카오톡, 라인, 위챗, 소셜커머스, 온라인대형마트, 지마켓, 옥션, 우리카드, 신한카드, 국민카드, 은행, 백화점, 기타 온라인쇼핑몰

13

3 솔루션 소개
B2B 솔루션

정식버전 개발완료

- 온라인 B2B

- 기업전용 선물레터

14

4 Donkeygift 5개 KPI 지표

대체율 79%	최대 수익률 76%	반품률 0.5%	배송컴플레인 0.4%	반응률 37%
• 덩키기프트를 통한 기존 선물群 대체비율	• 온라인 쇼핑몰 대비 최대 수익률 비교	• 덩키기프트를 이용 받는 이의 선물 반품률	• 덩키기프트 이용시 받는 이의 배송불만 표출률	• 덩키기프트를 이용한 답장 및 공동구매 반응률

☞ 린테스트 대상: 강남구 강남문화재단, (사)이노비즈협회, 이노비즈최고경영자과정 20개 기업

---

4 KPI 1. 기존상품 대체율

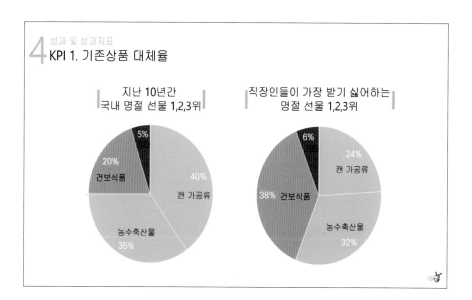

지난 10년간 국내 명절 선물 1,2,3위

- 캔 가공류 40%
- 농수축산물 35%
- 건보식품 20%
- 5%

직장인들이 가장 받기 싫어하는 명절 선물 1,2,3위

- 건보식품 38%
- 농수축산물 32%
- 캔 가공류 24%
- 6%

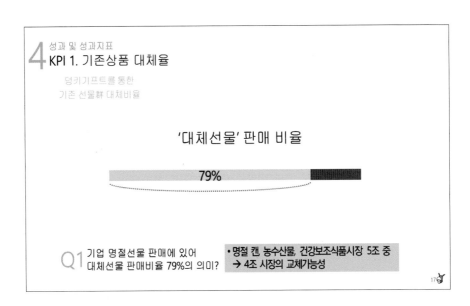

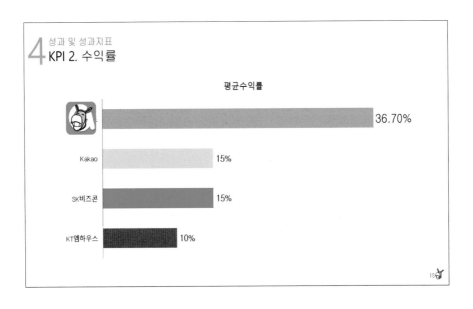

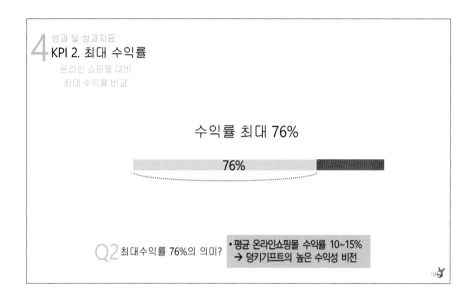

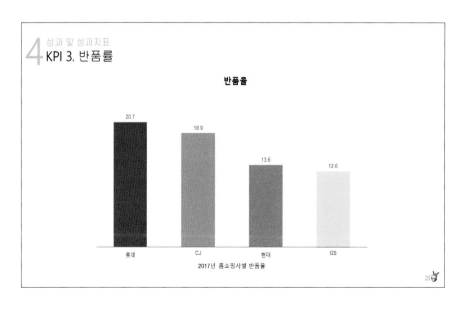

KPI 3. 반품률

〈2015~2017년 연도별 홈쇼핑사별 반품율〉

(단위 : %)

사업자	2015년	2016년	2017년
GS	13.9	12.9	12.6
CJ	21.9	20.7	18.9
현대	12.5	13.2	13.6
롯데	22.3	23.3	20.7
NS	10.2	9.1	9.4
홈앤	9.5	9.3	7.8
공영	9.0	12.0	14.0

21

KPI 3. 반품률

덩키기프트를 이용
받는 이의 선물 교환 및 반품률

반품률 0%!!

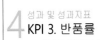

*택배체임 파손으로 인한 교환1건

0.5%

Q3 반품률 0.5%의 의미?

• 평균 온라인쇼핑몰 반품률 14%
→ 반품률 0% 쇼핑몰 가능성

22

KPI 4. 배송 컴플레인

평균: 34.5%　　　　　　　　평균: 18.6%

소셜커머스	품질	고객센터	환불 및 교환	AS	해외직구	약속불이행	주문취소방어	배송	강제취소	기타
쿠팡	27.8%	1.5%	38.0%	0.8%	0.3%	1.5%	3.1%	17.5%	1.5%	1.8%
위메프	25.4%	4.2%	28.4%	1.0%	0.1%	2.5%	8.3%	20.3%	3.1%	1.7%
티몬	20.9%	3.1%	44.5%	1.3%	1.0%	2.0%	1.8%	16.0%	0.8%	2.5%

출처: 소비자가 만드는 신문

23

KPI 4. 배송 컴플레인
덩키기프트를 이용
받는 이의 배송불만 표출률

덩키기프트는 배송 컴플레인 0.4%

0.4%

Q4 배송 컴플레인 0.4%의 의미?　• 평균 온라인쇼핑몰 18.6% 불만 신청
→ 별도 A/S 콜센터 전담요원 불필요

24

4 성과 및 성과지표
KPI 5. 반응률
덩키기프트를 이용한
답장 및 공동구매 반응률

덩키기프트 답장비율 37%
37%

단톡방 단체선물 반응률 4시간, 97%
97%

Q5 답장비율 37%의 의미?
단체선물 반응률 97%의 의미?

• 바른 선물문화 정착 가능성
→ 구매 담당자의 1일 구매업무처리 가능성

---

6 회사 소개
회사 약력

- 법인명: ㈜덩키기프트
- 법인 설립일: 2018.01.03
- 이사: 박주한
- 창업 팀: 박향준, 공인택
- 주주: 대표이사 100%
- 회사연혁
  : 2017.1 예비창업
  : 2017.7 1차 프로토타입 개발
  : 2017.11 www.donkeygift.co.kr 시제품 개발 및 프로세스 수정
  : 2018.1 덩키기프트 법인설립
  : 2018.2 이노비즈협회 대상 O2B영업 (린테스트)
  : 2018.11 특허 출원 완료
  : 2018.12 특허출원 완료
  : 2019.02 2019 설 린테스트
  : 2019.02 플레이스토어 앱 출시 (앱스토어 출시 예정)

6 회사 소개
이사 약력: 대표

박 주 한

홈페이지
(parkjuhan.modoo.at)

- 열린사이버대 창업컨설팅학과 2학년 재학 중
- 현 덩키기프트 대표

시장조사
- 2017년 1월 프랜차이즈 박람회 참관(SETEC)
- 2017년 5월 서울국제식품산업대전

교육
- 2017년 2월 SBS아카데미 쇼핑몰기획과정 수료
  (드로잉, 일러스트, 포토샵, XHTML, UI/UX, 타블렛)
- 2017년 2월 한국벤처기업협회 주최 PSWC프로그램 수료
  및 멘토링 (2017.2~2017.7 멘토제공, 장소제공)
- 2017년 8월 SBA 스타트업 수울5기 수료

투자유치 준비 및 IR관람
- 2017년 1월 창조경제 투자 퍼레이드 참관
- 2017년 2월 벤처기업 speech day 참관
- 2017년 12월 KB국민카드'로아인벤션랩'
  [Future 9 시즌1] 데모데이
- 2018년 02월 2018년 2월 K-Startup 투자퍼레이드
- 2018년 03월 2018년 3월 K-Startup 투자퍼레이드

사업설명회
- 2017년 3월 지역발전위원회 KCERN 공동포럼
  4차 산업혁명과 지역혁신
- 2017년 5월 startup deep dive 2017 참관
- 2017년 11월 서울시산악협력포럼 참관

기타창업활동
- 2017년 1월 인천대학교 테크노컬처밸리 사업기획참여
  (주관: 인천대기술지주, 프랜차이즈 입주 기업분야)
- 2017년 4월 전기자동차확대프로그램 'Blue sky'사업기획참여
- 2017년 1월 한국청소년보호연맹
  '청소년신분확인시스템보급사업'기획

자격증 및 증서 활동
- 2017년 4월 2017년 제1차 청년,기술창업교실 교육과정 수료
- 2017년 1월 창업넷 창업교육이수
  (1인창조기업강좌 1월 29일 수료)
- 2017년 10월 온라인(SNS) 마케팅을 활용한 소상공인
  창업아카데미 수료
- 자동차연허증취득 (2종 보통, 2017년 5월)
- 적격엔젤자격취득 (2017년 4월)
- SBA스타트업스쿨 5기 수료(2017년 8월)
- 개인투자조합관리사 2급과정 자격취득 (2018년 1월)

27

좌충우돌 청년 창업

"

청년 창업가가 묻는 창업에 관한 궁금한 이야기

이 장은 청년 창업가들이 창업을 준비하고, 아이템을 선정하고, 법인을 만들고, 정부 자금을 신청하고, 시장에 진출하는데 가장 궁금해하는 분야를 청년 창업가의 시각에 맞추어 질의응답Q&A 형식으로 작성하였다.

"

■ 박항준 대표 약력소개

■ **박항준** 대표이사/교수

중기부 액셀러레이터 ㈜하이퍼텍스트메이커스 대표이사

■ **주요 경력(현재)**

세한대학교 창업 전담 전임교수

중소벤처기업부 액셀러레이터 ㈜하이퍼텍스트메이커스 대표이사

싱가포르 우리경제협력재단(WRECF) 부회장

통일부 (사)우리경제협력기업협회 부회장

과기부 (사)한국블록체인기업진흥협회 상임부회장

누림경제발전연구원장

■ **주요 자격 및 저서**

기업·기술가치평가사	2013	한국기업기술가치평가협회
개인투자조합관리사2급	2018	한국개인투자조합협회
기술거래사	2019	한국기술거래사회
벤처캐피탈리스트	2015	한국벤처캐피탈리스트협회
정보통신부 장관상	2001	정보통신부
저서 《The Market》	2006	매일경제신문사 출판
저서 《스타트업 패러독스》	2017	혜성출판사
저서 《크립토경제의 미래》	2019	스타리치출판

진로그룹, LG그룹을 거쳐 KT산업개발 임원으로 퇴직하여 벤처 창업을 거쳐 투자회사, 상장사 대표, 대학기술지주 본부장, 창업 전담 교수 등 20년간 40개의 명함을 보유한 전문 액셀러레이터이다. 현재 중기부 창업 액셀러레이터 기업인 '하이퍼텍스트메이커스㈜'를 운영 중이며, 세한대학교 창업 전담 교수를 겸하고 있다.

세계 최초의 보안랜카드, 세계 최초 후불제 쇼핑몰, 세계 최초의 크립토 지갑 관리 솔루션 등 지금도 도전을 멈추지 않고 있으며, 현재에는 '누림경제'라는 새로운 경제 시스템을 적용하여 사회에 적용하기 위한 칼럼과 저작 활동에도 힘쓰고 있다.

■ 재수냐? VS 창업이냐?

Q **청년 창업가**: 대학에 떨어졌어요. 재수를 해야 할지 많은 고민
   이 되요, 어떻게 해야 할까요?

A **액셀러레이터**: 재수를 하는 방법도 있어. 하지만 진짜로 마음을
   다잡고 공부에 전념할 수 있을까?
   사회가 변하고 있는데 이런 시기에 다른 아이들과 같은 방식
   으로 인생을 살지 않아도 될 것 같은데….
   경제성장률이 7~8%일 때는 대기업의 일자리도 많았고, 취업
   도 쉬웠었지. 80년대 후반에서 2000년대까지는 말야. 그땐 개
   성이 필요 없었어, 짜여진 일자리에 내가 맞추면 되는 거였거
   든!

▪️ 일자리

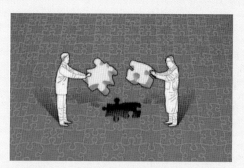

[퍼즐 채우기_일자리]

경제성장률이 7~8%였던 시대는 경제 성장의 쳇바퀴 속에 좋은 대학을 나와 좋은 직장을 구하면 평생이 보장되는 시대였다.

왕성한 식욕을 갖고 있던 기업들은 수십 개의 사업 분야를 문어발식으로 확장하고, 이에 많은 일자리를 만들어 냈다. 젊은이들은 자신의 전문성에 맞는 비어 있는 퍼즐에 자신의 자리를 찾아 채우면 되었다. 당시에는 그래서 이를 '일자리'라 불렀다.
일자리는 직업과는 조금 다른 개념의 용어다. 먹고 살기 위해 노동을 하는 것을 일자리라 표현한다.

그런데 경제성장률이 실제 마이너스에 다가서고 있는 지금인 코어 시프트 시대의 진입으로 기존 일자리는 줄어들고 있어. 효율적 기계화에 의한 대체 효과와 더불어 기존 산업의 사양 산업이 되고 있기 때문이야. 대기업들마저도 신입사원을 뽑는 데 주저하는 이유가 여기에 있는 거야.

이런 변화가 심한 코어 시프트 세상에서는 기존의 정통적인 생존 방식은 피하는 것이 좋아!

혹 전쟁이 났다 치면… 전쟁과 같은 혼란 시기에는 기존 스카이 대학 출신 여부가 중요한 것이 아니라 전쟁 포화 속에서 또는 그 생태계에서 살아남는 능력이 중요하겠지. 살아남는 자가 성공하는 거거든. 솔직히 지금 경제 상황이나 세상이 바뀌는 '이행기적 징후'를 보면 기존의 일자리를 찾는 전형적인 생존 유형으로는 변화되는 세상을 살아가기는 쉽지 않을 것 같아. 마치 지금의 정치 경제 상황이 새로운 유형의 전쟁 상황인 듯처럼 보이거든….

앞으로 다가올 시대는 나를 기업의 일자리에 맞추는 시대는 지난 것 같아. 이제 내 능력으로 새로운 직업을 만들어가는 시대 즉, '창직'과 '창업' 이 세상을 주도하게 될 거야.

[창의적 퍼즐 만들기_창직과 창업]

앞으로의 시대는 기업이 만들어 놓은 퍼즐에 자신을 맞추는 일자리 시대가 아니다. 코어 시프트 시대는 새로운 퍼즐을 설계하고 만들어가야 한다. 새로운 산업이 생기고, 새로운 업종이 생기고, 새로운 기업 유형이 발전하게 될 것이다. 당연히 새로운 퍼즐이 설계되어야 한다. 개성 강한 새로운 퍼즐 조각이 필요하다는 얘기다. 그래서 기존 퍼즐 조각이 필요 없어지는 것이다. 바로 일자리다. 이제 일자리가 아닌 창직의 시대다.

개성과 자기주장이 강한 젊은이들이 자신의 달란트로 그들이 만들고 싶은 퍼즐 세상을 완성해 가면서 멋지게 살아가는 미래를 '창직의 시대'라 한다.

※ 이행기적 징후, 혹은 전환기적 현상
한 시대를 관통해온 주류적 질서가 다른 질서에 의해 대체되는 과정에서 나타나는 독특하고 특이한 사건들을 일컫는 표현으로 봉건사회가 자본주의사회로 이행되는 시점에 등장했던, 구질서의 논리와 체계로는 이해하기 어려운 특별한 주장과 운동 그리고 결과물

■ 재미있는 아이템이 있는데 창업할래? 재수할래?

Q **청년 창업가**: 창업이요? 어떤 아이템인데요?

A **액셀러레이터**: 카카오 선물하기 알지?

Q **청년 창업가**: 잘 알죠. 자주 쓰고 있기도 하구요.

A **액셀러레이터**: 지금 1조가 넘는 매출을 올리고 있는 이 카카오 선물하기가 너무 불편한 점이 있단 말야.

생각해 보자. 매번 같은 아이스크림 케이크가 생일에 와. 내 생일이 8월인 건 맞지만 난 찬 음식 별로 좋아하지 않거든.

어떨 때는 스타벅스 커피 상품권만 쌓이게 되는데, 솔직히 우리 회사 앞에는 탐앤탐스가 더 가까워서 스타벅스는 자주 가는 편이 아니거든. 선물을 받아도 별로 고맙지 않은 일이 생기는 거야….

Q **청년 창업가**: 맞아요. 물어보고 선물하면 좋을 텐데.

A **액셀러레이터**: Surprise! 선물의 핵심 요소지. 그런데 해야 하는 선물을 물어보고 보내기에는 좀 그렇잖아.

Q **청년 창업가**: 하긴요. 그럼 무슨 대안이 있을까요?

A **액셀러레이터**: 맞아.

Q **청년 창업가**: 맞다니요?

A **액셀러레이터**: 무슨 대안을 물었지? 그 물음이 바로 창업의 시작이거든.

Q **청년 창업가**: 아!!!!

A **액셀러레이터**: 잘 들어봐. 요즘 창업은 사회의 부조리, 문제점, 부족한 점을 해결하기 위한 임팩트적인 요소가 있어야 돼. 그러한 사회적 문제점을 해결하기 위해 사업을 하게 되면 돈도 벌고, 사회에 이익도 줄 수 있는 거지.

이번 아이템을 설명하면 선물을 보내는 사람이 여러 개의 선물들을 모바일을 통하여 보내면 어떨까? 받는 이가 원하는 선물을 고를 수 있도록 말이야. 선물 주고받는 만족도를 극대화시킬 수 있는 기프트몰이라고나 할까?

20년 전 내가 사업화에 시도했다가 실패했던 아이템이긴 한데 당시에는 스마트폰이 없었으니 다시 도전할 만한 가치가 있어 보여!

Q   **청년 창업가**: 아! 아이템 느낌 좋은데요.

A   **액셀러레이터**: 그럼 이제 가서 해볼까!

창업자의 기업 로고 '덩키기프트'

■ 창업을 위해 넘어야 할 산

Q **청년 창업가**: 그런데 저는 이제 19세이고 고등학교도 졸업 안 했
는데. 거기다가 인문계 고등학교 나와서 할 줄 아는 게 아무
것도 없잖아요. 거기다 군대도 다녀와야 하고… 그런데 창업
을 할 수 있을까요?

A **액셀러레이터**: 반대로 얘기하면 지금부터 준비하면 액셀러레이
터인 나보다도 10년을 앞서 창업 전문가의 세계로 진입하는
게 되는 거고, 아무것도 안 배웠으니 새로이 경험할 게 많아
시간은 잘 갈 것이고…. 군대에서도 충분히 관련 공부나 정보
를 얻을 수 있는 것으로 알고 있어. 물론 그동안 상당한 노력
을 해야 하는데 각오는 해야지.

Q **청년 창업가**: 시대에 맞는 것은 맞지만 재수를 포기하고 창업하
는데 엄마의 산은 넘어야겠네요!

A **액셀러레이터**: 아마 젊은 엄마보다 양쪽 할머니들의 산이 더 높
을 걸!!! 그분들은 볼 때마다 공무원 시험 보라 할 텐데….

Q   **청년 창업가**: 해봐야죠. 그래도 공부보다는 나을 것 같아요.

A   **액셀러레이터**: 그것도 틀린 말은 아닌 듯. 아마 나중에 부족한 것을 느끼게 되면 공부하고 싶어질 거야.

■ 창업자의 미래 플랜

[청년 창업은 사회적 편견이 제1의 과제]

Q   **청년 창업가**: 아무것도 모르는 저로서는 창업을 하려면 무엇을 얼마나 준비를 해야 할까요?

A   **액셀러레이터**: 우선 1년을 내다봐야 할 것 같아. 1년간은 예비 창업자로서 다양한 경험을 하고 배워야 할 것 같아. 창업 아이템의 가능성도 엿보고, 부족한 역량도 보완하고, 경험도 쌓고 다양한 계획을 통해 준비해 보자구. 더군다나 아직 군 문제도 남았고 생계형 창업이 아니니 조금 여유롭게 준비해 보자. 청년이니 좀 더 장기적으로 계획을 세우면서 말이야.

아래 10년간 플랜을 짜봤어. 창업 과정과 자격증, 학력을 기준으로 연도별 계획인데 물론 이대로 다 되지는 않을지 몰라도 나름 도움이 될 거야.

창업 연도	1년 차	2년 차	3년 차	4년 차	5년 차	6-7년 차	8-9년 차	10년 차
창업 과정	예비 창업	법인 창업	정부 지원사업	군대	군대	재창업		
자격증 취득	적격엔젤	개인투자 조합관리사 2급			창업 지도자	기업기술 가치평가사	벤처캐피탈 리스트	기술 거래사
학력 관리	고등학교 졸업	사이버대학 입학	2학년			사이버대 졸업	창업대학원	박사과정

[박주한 대표 10년 플랜]

※ 실제 박주한 청년 창업가는 예비 창업자과정 1년을 거친 후 법인을 설립하였다. 또한, 계획대로 적격 엔젤과정과 개인투자조합관리사 2급자격을 취득하고 열린사이버대학교 창업컨설팅학과에 입학한다. 더불어 기술보증기금-창업진흥원에서 주관하는 '2018년 기술혁신형 창업기업지원사업'에 기술혁신형 창업기업으로 선정되어 5,000만 원의 지원금을 지원받게 된다.

■ 창업의 첫발

Q **청년 창업가**: 창업을 하려면 제일 먼저 어떤 것부터 해야 할까요?

A **액셀러레이터**: 당연히 나이도 어리고 사회 경험이 부족하니 배움이 필요해. 창업은 다양한 소양이 필요한데 전혀 창업에 대한 지식이나 정보가 없으니 우선 기초적인 역량은 학원에서

배우는 것이 좋을 것 같아. 우선 학원에 다녀 보자.

Q **청년 창업가**: 학원이요?

A **액셀러에이터**: 창업 초기 고등학교와는 달리 자율적 시간 배분이 가능한 창업자 특성상 생활이 늘어질 수 있거든. 그러니 시간도 통제할 겸 오전 학원을 끊는 거지. 청년이나 예비 창업자, 취업 준비생에게 정부에서 지원하는 사업이 있으니 6개월짜리 학원을 오전에 다니는 버릇을 가져 보자. 배우는 습관도 익히고 말이야.

Q **청년 창업가**: 그럼 어떤 과목을 들어야 할까요?

A **액셀러레이터**: 가장 먼저 배웠으면 하는 과목은 디자인이야. 청년들이 하는 사업은 깊은 기술을 요하는 기술 창업보다는 아이디어 창업이나 모바일 플랫폼 사업, 소상공인용 창업 등이 주가 되거든.

Q **청년 창업가**: 미술은 아니지요?

A **액셀러레이터**: 요즘 청년 창업은 디자인이 매우 중요한 덕목이 되었거든. 소비자를 상대하는 것도 있지만 사업계획서 작성부터 CI/BI, 플랜카드, 웹사이트, 앱디자인, 명함, 브로셔 등을 작성하는데 디자인기술을 배워두면 도움이 많이 될꺼야.

Q **청년 창업가**: 좋아요. 그럼 어떤 분야를 배우면 좋을까요?

A **액셀러레이터**: 전문가들만큼은 아니더라도 포토샵, 일러스트,

UI/UX의 개념 정도만 알고 만들어진 이미지를 수정할 수 있어도 창업에는 매우 유리할 것 같아.

Q **청년 창업가**: 여기 타블렛, UI/UX, 포토샵, 일러스트, 드로잉, xhtml을 배우는 과목이 있네요.

A **액셀러레이터**: 그럼 이 교육과정에서부터 시작해 보자.

※ 실제 SBS 아카데미를 통해 청년 창업가 박 대표는 아래 과목을 수료 받았다.

[해당 교육 과정 시간표]
월 수 목 첫수업 9:30~11:30
1과목당 2시간(1시간 수업 10분 휴식 1시간 수업)

■ 창업 교육 입문

Q **청년 창업가**: 교육 학원도 입학했는데 이제는 다른 건 뭘 해야 하죠?

A **액셀러레이터**: 온오프라인 창업 교육도 받아보자. 아래 공고를 한 번 봐봐. 예비 창업자를 위한 프로그램이 있어. ㈜벤처기업협회에서 주최한 PSWC 프로젝트라고 있던데 한번 신청해 보자구.

Q **청년 창업가**: 그런데 이 프로그램에 프레젠테이션을 해야 하네요?

A **액셀러레이터**: 그러게. 그래도 언젠가는 해봐야 하는 거니 부담 없이 한번 해보자구.

Q **청년 창업가**: 자신 없는데. 남 앞에 서 본 적이 없어서요.

A **액셀러레이터**: 한두 번 하다 보면 자신감도 생기고, 무뎌져…. 한 10년 하면 교수해도 될 거야, 하하!

[벤처기업협회 PSWC 프로그램 공고]

PSWC 프로그램은 (사)벤처기업협회에서 주관하는 예비 창업자를 위한 교육 프로그램이다.

2주의 한 번 유망한 스타트업의 대표 및 유명한 사업가들을 초청하여 창업 교육을 실시하고, 다양한 아이템을 가진 예비 창업자들과 네트워킹도 할 수 있어 예비 창업자에게는 많은 도움이 되는 프로그램이다.

※ 실제 예비 창업자 박주한 대표는 2017년 2월 PSWC 프로그램에 신청해 사상 처음 멘토들 앞에서 프레젠테이션을 수행하고 합격하게 된다. 이후 6개월간 창업 강의, 전문 멘토 지원, 인큐베이팅 시설 지원 등 다양한 지원 교육을 받게 된다.

박주한 대표가 작성한 PSWC 참가 후기

항 목	내 역
행사명	상반기 PSWC 프로그램
행사 주체	사벤처기업협회
행사 개최 일자 기간	2017. 02. 08.~ 07. 31
행사 장소	서울창조경제혁신센터 회의실
행사 목적	Pre-Startup Camp · 비즈니스 모델 캔버스 작성 · 고객 문제 확인: 비즈니스 모델 캔버스 발표 · 솔루션 확인: 사업계획서 초안 발표 · 리트머스 데이 사업 추진 상황 점검 - Jump Up · 기술창업아카데미 · 전문가 멘토링 · PSWC Demo Day
개최 주기	연 2회 상반기, 하반기
공고 사이트	K-Startup
참석 후기	창업을 처음 시작하게 되었을 때 처음으로 붙은 프로그램이다. 프로그램 중 6개월 동안 장소도 제공해 주며 교육, 멘토링도 해준다. 장소는 두 개 유료, 무료의 인큐베이팅으로 되어 있다. 또한, 교육은 격주에 한 번씩 강사를 섭외하여 스타트업을 시작할 때의 필요한 것들을 강연한다.

■ 온라인 창업 교육

Q   **청년 창업가**: 교육을 듣다 보니 오프라인 교육 말고 온라인 교육
   도 있다고 하네요?

A   **액셀러레이터**: 중기부에서 운영하는 창업넷www.k-startup.go.kr이라
   는 곳에서 간단한 분야는 온라인 교육을 받아볼 수 있어. 모든
   과목을 다 받을 필요는 없고 듣고 싶거나 부족한 부분 몇 개 과
   목만 듣고 나면 수료증도 받을 수 있어.

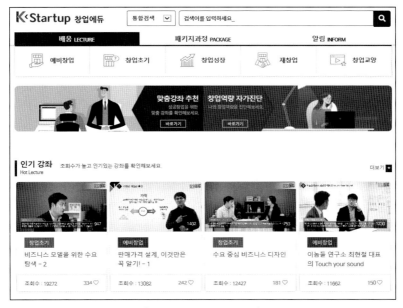

[창업넷 온라인 무료 강좌]

[창업넷 온라인 교육 과정은 예비 창업, 창업 초기, 창업 성장, 재창업, 창업 교양 총 5가지로
   구성되어 있으며 패키지로 한 번에 여러 교육을 받을 수 있다.]

■ 창업 관련 정부 지원사업

Q   **청년 창업가**: 이번에 처음으로 정부 지원사업에 도전해 보려고 하는데요, 지원사업명이 '창업패키지'이래요.

A   **액셀러레이터**: 중기부의 창업 지원을 담당하는 창업진흥원에서 주최하고 여러 주관기관들을 지정해 지원하는 사업인데 지금은 예비 창업자를 위한 예비 창업패키지, 3년 미만 창업자들을 위한 초기 창업패키지, 3~7년 차 기업을 지원하는 창업 도약 패키지 사업으로 나뉘어 지원하고 있어.

예비 창업패키지 주관기관은 주로 대학과 창조경제혁신센터 등에서 위탁받아 진행하는 사업인데 박 대표는 예비 창업패키지에 도전을 해볼 수 있겠네. 처음이니 기대는 너무 하지 말자구…

Q   **청년 창업가**: 주관기관이 많은데 어디를 선택해야 하나요?

A   **액셀러레이터**: 주관기관마다 특색이 있어. 경쟁률도 다르고, 다만 교육이 많으니 너무 먼 곳의 주관기관은 피하는 게 좋겠지. 여대라 해서 여성들만 뽑지는 않으니 상관없이 신청하면 되고…. 굳이 팁이라면 주관기관이 이미 지원하고 있는 기존 기업들의 리스트를 보면 선호하는 성향을 파악할 수 있어 유리할 거야.

Q   **청년 창업가**: 예비 창업패키지예창패 에 신청할 때 어떤 면을 신경 써야 할까요?

A　**액셀러레이터**: 특별한 공통된 팁은 없어. 그나마 알아두면 좋은 팁이라 하면 신청 서류에는 맨 첫 장에 창업 아이템 개요요약 페이지가 있는데, 이 요약 페이지 작성이 가장 중요해. 심사자 입장에서 보면 이 요약 페이지만 보고도 이 창업 아이템이 현실 가능성이 있는지? 지속 가능성이 있는지? 사회에 도움이 되는 아이템인지? 알 수 있게 되거든.

Q　**청년 창업가**: 요약서 작성법을 좀 알려주세요?

A　**액셀러레이터**: 요약서 작성법은 요청 서류에 요구되는 내용을 참조하면 되는데 선배 예창패 통과한 창업자들에게 조언을 구하거나 사업계획서를 참조하면 좋을 것 같아. 요약서 한줄 한줄이 다 돈이라고 보면 좋을 것 같아. 대략 한줄에 백만원!

Q　**청년 창업가**: 요약서 한줄 한줄이 다 돈이라는 말을 이해하지 못하겠어요?

A　**액셀러레이터**: 멘토들이나 컨설턴트들이 요약서의 중요성을 강조하는 말이야. 만일 지원금 5,000만 원을 신청하는 사업이라면 요약서 한 줄마다 100만 원짜리라는 마음가짐이 필요해. 만일 무성의하게 요약서를 작성해 빈 공간을 두게 된다면 한 줄당 100만 원을 손해 본다 보면 되고, 요약서를 단 20줄만 썼다면 2,000만 원짜리 계획서밖에 안 된다는 거야.

Q　**청년 창업가**: 요약서가 그렇게 중요한 거군요?

A　**액셀러레이터**: 실제 요약서를 구체화한 것이 사업계획서니 당연히 중요하지. 요약서 첫머리에 창업 아이템 소개란이 있는데, 이 아이템 소개에서 제대로 된 비즈니스 모델 선언이 없으면 서류 심사마저 탈락한다고 보면 되지.

예비 창업패키지 요약서 양식

창업 아이템의 차별성	※ 창업 아이템의 현재 개발 단계를 포함하여 기재 예) 아이디어, 시제품 제작 중, 프로토타입 개발 완료 등	
국내외 목표 시장	※ 국내 외 목표 시장, 판매 전략 등을 간략히 기재	
이미지	※ 아이템의 특징을 나타낼 수 있는 참고 사진 이미지 또는 설계도 삽입	※ 아이템의 특징을 나타낼 수 있는 참고사진 이미지 또는 설계도 삽입
	사진 이미지 또는 설계도 제목	사진 이미지 또는 설계도 제목

심사위원들은 이 창업 아이템을 쓴 예비 창업자가 자산의 아이템을 정확히 이해하고 있는지? 계속 사업을 수행할 가능성이 있는지? 사회적 영향력이 있는 아이템인지를 알게 되어 있거든.

박 대표의 사업을 일반적으로 작성하면 이렇게 쓰게 되지.

창업 아이템 소개	• 아이템명: 온라인 선물 Gift mall • 핵심 기능: – 후불제 쇼핑몰 – 받는 이 선물 선택형 쇼핑몰 – 주소 없이 선물 보내기 – 메신저, 문자, 이메일로 선물 보내기 – 보내는 이 선택형 복수 선물 보내기 • 소비자층: B2B – 명절 선물을 고민하는 대표이사 – 고객/직원 주소를 체크해야 하는 구매/영업 담당자 B2C – 대면 선물이 어려운 일반인 – 선물 종류를 고민하는 개인 – 생일, 기념일, 명절 선물하는 개인 • 사용처: B2B – 네이버, 옥션, 지마켓 등 선물 메뉴가 없는 쇼핑몰 – 금융기관 등 쇼핑몰 서비스가 없는 포털사이트 B2C – 개인 간 선물 발송 및 교환 – 일반 기업, 조직, 공공기관 직원 선물

앞서도 얘기했지만 요약서 한 줄에 100만 원짜리라고 생각한다면 일반적 작성 내역은 뭔가 성의 없어 보이고, 공간이 채워져 있지 않다는 것을 볼 수 있을 거야. 이를 한 줄에 100만 원짜리로 꽉찬 요약서로 만들어 보면 아래와 같이 변경할 수 있

어. 특히 최소로 들어가야 할 질문지 외에 우리 기업이 자랑하고 싶은 것, 자신 있는 것, 앞으로의 비전 등은 용량 한정만 없다면 추가할 수 있으니 잘 활용하는 것이 좋겠지.

	요약 항목	준비된 창업! Donkeygift 자기소개	비고
	창업 아이템	왜곡된 선물 문화를 개선하는 온라인 기프트 쇼핑몰	"선물 주고 욕먹지 말자"
창업 아이템 소개	핵심 기능	받는 이가 선물을 선택할 수 있는 독창적 비즈니스 모델 - 후불제 쇼핑몰 - 받는 이 선물 선택형 쇼핑몰- 주소 없이 선물 보내기-메신저, 문자, 이메일로 선물 보내기 - 보내는 이 선택형 복수 선물 보내기	코리아 특허사무소 특허 출원 검토 완료
	소비자층	B2B - 명절 선물을 고민하는 대표이사 - 고객/직원 주소를 체크해야 하는 기업,기관, 단체 구매/영업 담당자 B2C - 대면 선물이 어려운 일반인 - 선물 종류를 고민하는 개인 - 생일, 기념일, 명절 선물하는 개인	카카오 선물하기 1조 5,000억 추석, 설 선물시장 5조 원
	사용처	B2B - 선물 메뉴가 없는 쇼핑몰 (네이버, 옥션, 지마켓 등) - 쇼핑몰 서비스가 없는 포털사이트 (금융기관, SNS 등) B2C - 개인 간 선물 발송 및 교환 - 일반 기업, 조직, 공공기관 직원 선물 - 중국, 일본, 싱가포르 등 동남아 국가 진출 예정	 [선물 발송 화면]

창업 아이템 소개	지속 가능성 및 사회적 영향력	 대체율 79% — · 덩키기프트를 통한 기존 선물형 대체비율	 최대 수익률 76% — · 온라인 쇼핑몰 대비 최대 수익을 비교	 반품률 0.5% — · 덩키기프트를 이용 받는 이의 선물 반품률	 배송컴플레인 0.4% — · 덩키기프트 이용시 받는 이의 배송불만 표출률	 반응률 37% — · 덩키기프트를 이용한 답장 및 공동구매 반응률

※ 본 성과물은 이노비즈최고위과정 총동문회(300개 기업) 및 서울 OO구청 문화원(120명)을 대상으로 수행한 결괏값(KPI)입니다.

※박주한 대표는 해당 사업에 지원하여 예비 창업 시기에는 서울과학기술대학교에 신청해서 1차 서류심사는 통과했으나 2차 PT이후 탈락했다. 비록 2차 발표에서 탈락이 되었지만 1차 서류심사에 붙은 것만으로 박주한 청년 창업자가 자신감을 얻어 향후 더욱 많은 지원사업들에 지원하게 되는 계기가 된다. 2019년 법인 설립 후에는 '성신여대'에 초기 창업패키지를 신청하였으나 역시 2차 발표 심사에서 쓴맛을 보았다.

| 예비 창업패키지 공고 및 주관기관 |

중소벤처기업부 공고 제2020-55호
2020년 예비 창업패키지 일반 분야 예비 창업자 모집 공고
혁신적인 기술 창업 소재가 있는 예비 창업자를 육성하기 위한 '2020년 예비 창업패키지'에 참여할 예비 창업자를 다음과 같이 모집합니다.

※ 수정사항: ① (접수기간 연장) (기존)2.3~3.2 → (변경)2.3~3.16
　　　　　　② (가점지표 신설) 감염병 예방 · 진단 · 퇴치 관련 기술로 창업 예정인 자(1점)

2020년 1월 31일
중소벤처기업부장관

1 　모집 개요

■ **사업 목적**

◦ 혁신적인 기술 창업 소재가 있는 예비 창업자의 원활한 창업 사업화를 위하여 사업화 자금, 창업 교육, 멘토링 등을 지원

■ **신청 자격**

◦ 사업 공고일까지 창업 경험(업종 무관)이 없거나 공고일 현재('20.1.31 기준) 신청자 명의의 사업체를 보유하고 있지 않은 자
　- 폐업 경험이 있는 자는 이종업종*의 제품이나 서비스를 생산하는 사업자를 창입할 예정인 경우에 한하여 신청 가능
　* 업종은 한국표준산업분류의 세분류(4자리)를 기준으로 함(통계청 통계분류 포털 참조)

■ 지원 내용

◦ 창업 사업화에 소요되는 자금을 평균 51백만 원(최대 1억 원) 지원

◦ 전담 멘토*가 바우처 관리 및 경영·자문 서비스 제공

  * 창조경제혁신센터의 경우 센터 내부 소속의 PD(Program Director)가
    전담 멘토 역할을 수행하며, 예비 창업자는 지정된 PD를 변경할 수 없음

◦ 창업 교육(40시간) 프로그램 지원(예비 창업자 수료 필수)

■ 모집 규모: 1,100명 내외(최종 선정자 기준)

◦ 공고일 기준, 출생일자에 따라 청년*, 중장년**으로 구분하여 선정 예정

  * 청년: 만 39세 이하('80년 2월 1일 이후 출생)인 자
  ** 중장년: 만 40세 이상('80년 1월 31일 이전 출생)인 자

2019년 초기창업패키지 (예비)창업자 모집 공고

사업안내 바로가▸

기관명	창업진흥원	기관구분	공공기관
담당부서	초기창업부	연락처	1357
접수기간	2019-05-01 ~ 2019-05-15 18:00	지원분야	사업화
지역	전국	업력	예비창업자, 3년미만
대상	대학생, 일반인, 일반기업, 1인 창조기업	대상연령	전체

중소벤처기업부 공고 제2019 - 202호

2019년 초기창업패키지 (예비)창업자 모집 공고

유망 창업아이템 및 고급기술을 보유한 (예비)창업자를 발굴하여 성공적인 창업 활동을 지원하기 위한 「2019년 초기창업패키지」에 참여할 (예비)창업자 모집을 음과 같이 공고합니다.

2019년 4월 24일
중소벤처기업부 장ᆞ

🔖 신청방법 및 대상

◉ **신청기간**   - 2019.05.01 (수) ~ 2019.05.15 (수) 18:00 까지

◉ **신청방법**   - 온라인 접수 : (**바로가기**)
　　　　　　　　* 온라인 접수를 위해서는 로그인 필수

◉ **신청대상**   - 예비창업자(팀) 또는 업력 3년 이내('16.4.23.~'19.4.24.) 창업기업의 대표자
　　　　　　　　* 신청자격 및 제외대상 요건은 공고문을 통해 확인

◉ 본 사업 신청 시 창업기업은 '개인실명등록' 후 K스타트업 마이페이지를 통해 '기관정보'를 입력하시면 됩니다.(예비창업자(팀)의 경
우 기관정보 미입력)
　* SCI평가정보를 통한 기업실명등록은 필수사항이 아닙니다.

◉ 신청 시 요청하는 정보(개인정보포함)는 창업진흥원에서 관리되오니 이점 유의하여 주시기 바랍니다.

🔖 제출서류

◉ **사업계획서 1부**
　* 사업계획서 본문(1.문제인식 ~ 4. 팀구성) 작성은 7페이지 내외로 작성하실 것을 권장

◉ **증빙서류 1부**(사업계획서 내 증빙서류 양식에 첨부하여 한 개의 사업계획서 파일로 제출)
　※ 사업자를 등록한 사실이 없는 예비창업자(팀)이 '휴사업자등록내역' 발급이 불가할 경우, '사업자등록사실여부(5년 이전증명 포
함)'로 제출 가능

◉ **발표자료 1부**(PDF파일 형태로 제출)

◉ 제출하신 서류는 반환되지 않습니다.

🔖 선정절차 및 평가방법

◉ 자격검토 → 1차 발표평가 → 2차 발표평가 → 현장확인

🔖 사업설명회

지역	일시	장소
대전	2019.04.26 (금) 14:00 ~ 17:00	대전·충남지방중소벤처기업청 2층 대강당
서울	2019.04.29 (월) 14:00 ~ 16:00	고려대학교 백주년기념삼성관 국제원격회의실 B109호
광주	2019.04.30 (화) 14:00 ~ 16:00	광주대학교 백인관 2층 컨퍼런스룸
대구	2019.05.02 (목) 14:00 ~ 16:00	경북대학교 대구캠퍼스 글로벌플라자 201호
부산	2019.05.03 (금) 14:00 ~ 16:00	부산문화콘텐츠콤플렉스 5층 복합공간

🔖 지원내용

◉ 사업화자금 : 최대 1억원
　- 평가 결과에 따라 사업화자금(정부지원금) 차등 지원

◉ (예비)창업자를 대상으로 맞춤형 자율·특화 창업지원 프로그램 운영(주관기관별 운영 프로그램 상이)

◉ 창업준비공간, 회의실, 휴게실 등 인프라 지원(주관기관별 상이)

◉ 자세한 내용은 첨부파일 참조 및 아래의 문의처로 문의하여 주시기 바랍니다.

🔖 문의처

◉ 중소기업통합콜센터
　연락처 : 1357

88

초기 창업 패키지 공고문

| 2020년 초기 창업패키지 주관기관 리스트 |

주관기관	지원규모(명)		소재지	주관기관	지원규모(명)		소재지
	청년	중장년			청년	중장년	
강원창조경제혁신센터	15	10	강원(춘천)	강원대학교	12	8	강원(춘천)
경기창조경제혁신센터	36	24	경기(성남)	건국대학교	21	14	서울
경남창조경제혁신센터	18	12	경남(창원)	경기대학교	24	16	경기(수원)
경북창조경제혁신센터	16	10	경북(구미)	계명대학교	11	7	대구
광주창조경제혁신센터	18	12	광주	대구대학교	18	12	경북(경산)
대구창조경제혁신센터	18	12	대구	동아대학교	16	11	부산
대전창조경제혁신센터	16	11	대전	부산대학교	19	13	부산
부산창조경제혁신센터	21	14	부산	성균관대학교	22	15	경기(수원)
빛가람창조경제혁신센터	6	4	전남(나주)	숭실대학교	24	16	서울
서울창조경제혁신센터	27	18	서울	연세대학교	19	13	서울
세종창조경제혁신센터	16	10	세종	원광대학교	19	13	전북(익산)
울산창조경제혁신센터	15	10	울산	인천대학교	20	13	인천
인천창조경제혁신센터	28	19	인천	전북대학교	21	14	전북(전주)
전남창조경제혁신센터	23	16	전남(여수)	한국산업기술대학교	19	12	경기(시흥)
전북창조경제혁신센터	15	10	전북(전주)	한밭대학교	20	13	대전
제주창조경제혁신센터	9	6	제주	한양대학교	24	16	서울
충남창조경제혁신센터	18	12	충남(아산)	호서대학교	21	14	충남(아산)
충북창조경제혁신센터	9	6	충북(청주)				
포항창조경제혁신센터	6	4	포항				

■ NGO활동과의 병행

Q   **청년 창업가**: 청소년보호연맹에서 연락이 왔던데요?

A   **액셀러레이터**: 아! 깜박했네. 창업자들이 사회봉사 활동을 통해
     사회적 영향력 _{소셜임팩트}이나 사명감도 생기고, 실제 거기서 사

업 아이디어를 얻기도 하거든. 아시는 분이 청소년보호연맹 관계자이신데 자원봉사자가 필요하다 해서 추천했지. 고민해 보고 관심 있으면 한번 가보셔.

아직 어리긴 하지만 군대 다녀오면 비영리임의단체를 구성해서 창업과 연관된 사회활동 경험을 쌓는 것도 좋으니 미리 경험해 보면 좋을 것 같아서….

※ 실제 박대표는 예비창업기간인 2017년 3월부터 4개월간 한국청소면보호연맹에서 자원봉사업무를 수행한다. 자격증관리, 내부 행정업무를 배우는 시간이기도 했다.

[봉사기간 및 사업수행내역]
1. 자격증 관리 및 제작, 송부
2. 회계
3. 비품관리
4. 홈페이지 관리
5. 보도자료 작성

Q **청년 창업가**: 창업 관련 행사를 다니고 싶은데 어떤 방법이 가장 좋을까요?

A **액셀러레이터**: 우선 온라인상에서 각종 행사 소개를 해주는 곳에 즐겨찾기 저장해 놓은 좋을 것 같은데. 우선 코엑스나 킨텍

스, 서울무역전시관이나 지역 창조경제혁신센터 사이트 등을 수시로 들어다봐야겠지. 최근에는 행사만 전문적으로 안내해 주는 사이트들이 늘고 있어. 대표적으로는 온오프믹스onoffmix 라는 앱/사이트를 참조하면 좋을 거야. 정부는 K스타트업을 보면 되지. 창조경제혁신센터 외 진흥원ex.콘텐츠진흥원, 서울시 서울산업 진흥원, 벤처기업협회 등과 창업 액셀러레이터 사이트를 주기적 으로 방문해야 해. 특히 지자체별로 산업진흥원, 디자인·콘텐 츠진흥원 사이트도 유심히 봐야 해. 각 시市나 도청, 구청 사 이트도 주기적으로 방문하다 보면 흥미로운 행사들을 접할 수 있지.

아마 일주일에 한두 번 정도 창업 관련 행사에 참여할 기회가 생기는데 다리는 좀 아파도 예비 창업자는 무조건 다녀야 해.

물론 그냥 다녀오는 것보다는 행사마다 목표를 정하고, 셀카나 행사 사진, 행사 결과 보고를 작성해 놓는 것도 매우 중요하지.

Q   **청년 창업가**: 행사의 목표를 정하다니요?

A   **액셀러레이터**: 두세 시간의 행사를 그냥 다니다 보면 재미가 없어지고, 시간만 아까울 수 있거든. 만일 가기로 한 행사에 새로운 사람 열 명 이상과 명함을 나누겠다는 목표를 갖는다면 정말 좋은 목표가 되지. 10번 행사에 100명과 인사를 나누게 되니 말이야. 인사를 나누게 되는 이들에게 자신의 아이템을 30초 이내로 압축해서 설명하는 연습도 하면 좋아.

그 외에도 이번 행사에는 누구를 꼭 만나서 명함을 교환할 것인가? 나도 언젠가 이 행사에 발표자로 참여할 것인가? 다른 사람들의 발표 모습을 벤치마킹할 것인가? 다른 스타트업들은 사업 IR자료를 어떻게 작성하는가? 등의 궁금증 해소를 목적으로 해야 한다는 뜻이지.

특히 행사를 주최하는 안내 데스크에 계신 분들과 안면을 터놓아서 다른 행사 소식이나 다음 행사 소식, 심지어 이 행사에 직접 발표할 수 있는 팁을 구할 수 있다면 가장 좋은 목적이 될 수도 있지.

[창업 정보를 알려주는 대표적인 곳]

Q   **청년 창업가**: 창업 행사가 참 많은가 봐요?

A   **액셀러레이터**: 그럼, 직업이나 기존 일자리가 바뀌는 정부지원
이나 사회의 관심이 창업이나 창직에 맞춰져 있거든. 이제부
터 다양한 창업 행사에 가서 구경하는 것도 큰 도움이 될 거야

※ 다음은 실제 박주한 대표가 예비 창업자 시절 2017년 2월
한 달 동안에만 참관, 참석했던 행사들이다.

[2017년 2월 참석 창업 관련행사]

Q **청년 창업가**: 창업 행사는 계속 찾아봐야 하죠?

A **액셀러레이터**: 그렇지. 창업자는 창업 교육, 자격증, 창업 IR참
관, 창업 행사, 지원사업 등 여러 분야로 구분해서 자기관리를
해야 해. 그중 창업 교육 부분은 특히 다양한 사람들의 성공한
이야기나 또 실패한 이야기, 그리고 시장 돌아가는 이야기도
계속 들어 보는 게 도움이 될 거야.

멈추면 넘어지는 게 창업이고, 뒤돌아보면 멈추게 되는 게 사
업이거든. 교육도 멈추게 되면 넘어지게 되어 있어. 창업자는
기업가가 돼서도 석박사는 물론 최고경영자 과정이나 기타 교
육에 계속적으로 참여해서 자기 자신을 혁신시켜야 해. 그렇
지 않고 멈춰 버리면 창업자의 가장 강력한 무기인 혁신 동력
을 잃게 되지.

※ 이후 박주한 대표가 예비 창업자 시절 받았던 교육과 포스터는 아래와 같다.

[예비 창업 기간인 2017년 1년간 참여한 행사 포스터]

Q **청년 창업가**: 지난번 행사에 갔더니 선배 사업가분이 성공의 환상에 빠지지 말라고 하시던데요?

A **액셀러레이터**: 청년 스타트업 CEO들의 장점은 빠른 머리와 열정 그리고 실패를 두려워하지 않는 도전정신이거든. 그중 소수의 청년 창업가들이 성공을 거두고는 하지. 다만, 진정한 성

공은 자신이 성공이라고 정한 목표를 달성한 것이라 할 수 있어. 사람마다 성공의 기준이 직원 100명의 기업이 되게 하는 것에서부터 시리즈 B, 즉 10억 이상의 투자를 받으면 스타트업을 성공시켰다고 얘기들하지. 심지어 매각이나 주식시장에 상장을 해야 성공이라고 하는 분들도 계시지. 성공을 거두기 전에 샴페인을 터트리는 몇몇 사람들…, 주위에서 부러움과 걱정의 시선을 동시에 받는 이들이 있기도 하고.

Q **청년 창업가**: 주로 어떤 사람들이 있나요?

A **액셀러레이터**: 성공의 환상에 빠진 청년 창업가는 크게 6가지 유형이 있는데 보통 이성과 지성, 감성적 절제가 되지 않은 창업자들이 있어.

환상에 빠지는 청년 사업가의 유형	
첫 번째, 씀씀이가 커지는 창업가 유형	도덕적, 윤리적, 금전적으로 절제력을 잃어버리는 사업가
두 번째, 초심을 잃은 창업가 유형	사람, 돈, 유행에 끌려다니는 사업가로 창업 초기의 미션이나 비전을 버리며 피벗이라고 합리화시키면서 생존해 나가는 사업가
세 번째, 경험을 팔고 다니는 사업가 유형	자신이 얻은 조그만 지식과 경험을 부풀려 남을 가르치고 강의하러 다니면서 스스로 성공했다고 느끼는 사업가
네 번째, 정부 용역사업에만 집중하는 사업가 유형	교육 등 특정 분야를 제외하고 정부 용역사업의 장기화는 실적은 화려할 수 있어도 스스로가 지쳐가는 사업가
다섯 번째, 한 번에 성공한 사업가 유형	좋은 학력, 외국 유학, 유창한 영어, 넓은 인맥, 좋은 집안을 무기로 한 번에 성공한 이들로 성공 원인의 대부분이 아빠 찬스임에도 불구하고 이를 인정하지 않으면서 실패를 모르고 두려워하지 않는 사업가
여섯 번째, 공무원과 정치에 유착하는 사업가 유형	자신도 모르게 스타트업 판에서 자신의 브랜드 가치가 올라가게 되면서 담당 공무원들과 친한 관계를 유지하거나 심지어 정치판에 관심을 두는 사업가

※ 이 기준은 매우 주관적인 기준이므로 스스로 성공했다고 느꼈을 때 자기 자신을 돌아보는 계기가 되기를 바라는 마음으로 구분한 것이며, 누구를 비판하려는데 사용하지 않기를 바랍니다.

◼ 성공 바이블의 함정

성공한 이들의 이야기는 결과로 얘기하기 때문에 대부분 부풀려져 바른 성공 바이블이 되기 어려운 경우가 대부분이다. 그들의 성공 이야기는 실제 창업자들에게 오히려 독이 될 수 있다. 사업 초기 그들의 스토리는 후발 창업자들에게 힘이 될 수 있을지는 모르겠지만 사업에는 크게 도움이 되지 않는다.

로또 1등에 당첨된 사람의 성공(?) 스토리는 수 백만 명의 1등이 되지 못한 사람들의 이야기를 대변하고 있지 않은 원리와 같다.

	많은 언론이나 협회에서 몇 억 원씩 들여가며 외국의 성공한 창업가들을 초청해 강연을 시키고는 하지.
	그들의 성공 이야기를 들어보면 힘이 되고, 나도 저렇게 저 자리에 서고 싶다는 자극이 되긴 해.
	그런데 말야. 그들의 성공 얘기를 다 듣고 나면 이상하게 남는 게 없어. 부러움의 여운 말고는…
	창업자들은 이런 얘길 듣고 싶었을 거야 그들이 물속에서 가라앉지 않기 위해 발버둥 쳤던 인간적이고 솔직한 이야기, 자기 부모가 얼마나 도움을 줬는지, 자신의 학력 인맥이 얼마나 도움이 되었는지, 시작할 때 자기 돈이 얼마나 있었는지. 지금 이 아이템은 원래 하려던 아이템이 아니었다든지, 이런 진실한 이야기들 말야. 이런 이야기가 바로 성공의 진짜 비결일 수도 있거든.

[출처 《스타트업 패러독스》(2015, 박항준, 혜성출판)]

Q   **청년 창업가**: 창업도약패키지 사업에 모니터링 알바가 있다는
데요?

A   **액셀러레이터**: 알바라기보다는 지금 중기부는 예비 창업자부터
창업 3년까지 된 기업을 지원하는 창업패키지 프로그램을 운
영 중에 있어. 3~7년 차는 창업도약패키지라는 사업으로 연계
사업을 추진 중이지. 또한, 이런 지원사업에 선발된 기업들을
심사하는 고객평가단이라는 평가 과정이 있는데 심사비 등 실
비를 제공하고 있는 것으로 알고 있어.

고객평가단은 실제 사용자이면서 소비자들인 일반인들을 불
러 제품들의 심사를 맡기는 평가 방법인데 제품에 대한 선구
안도 생기고 시장 트랜드도 느낄 수 있고 하니 가능하면 해보
는 게 좋을 것 같아.

담당자나 주관기관에 따라 축소되거나 없어지기도 하는 사업
이지만 창업진흥원 웹사이트에 주기적으로 방문하다 보면 다
양한 프로그램에 참여할 기회가 생길 거야.

※ 이후 박주한 대표는 아래와 같이 고객평가단 활동을 수행한다.

2017. 05   고객평가단 (롯데호텔 B1 사파이어 볼룸관)

2017. 05   고객평가단 (부천산업진흥재단 4단지 401동 1503호)

2017. 09   고객평가단 (고려호텔)

2017. 11   인사이트코리아 고객평가단

2017. 12 [SBA]서울혁신챌린지 시민평가단

2018. 06 고객평가단 (고려호텔)

2018. 07 고객평가단 (고려호텔)

2018. 10 롯데 고객평가단 (코엑스 C홀)

Q **청년 창업가**: 창업 교육을 받으러 갔는데 창업자 스스로 자기관리를 하라고 하던데 어떻게 관리해야 하나요?

A **액셀러레이터**: 우선 창업자에게 중요한 것은 자신감이야. 한참을 창업에 힘쓰다가 돈도 제대로 못 벌고, 문득 시간만 낭비하는 것 같은 마음이 드는 순간 스스로 무너지게 되어 있어. 스타트업 창업자는 배우는 과정이지 완성된 경영자가 아니잖아. 그 배우는 과정을 적어 놓는 것이 매우 중요해. 가장 손쉬운 것이 바로 창업자 자신의 홈페이지를 만들어 보는 거야. 가장 쉽게는 네이버에서 지원하는 무료 서비스인 modoo.at을 활용해서 자신이 참석한 교육, 취득한 자격증, 참석했던 행사, 관련 보도자료, 명함 등 사업과 관련한 것들을 넣어 보면 좋아. 사진도 남기고 말야. 물론 페이스북 페이지나 링크드인, 인스타 등과 병행하면 더 좋아. 창업자 자신의 홈페이지 관리는 여러 모로 중요한데, 우선 자신의 트랙 레코드를 기록하고 기억할 수 있게 해주지. 한참 앞만 보고 달리다 보면 창업자가 회의에 빠지기도 하거든. 내가 잘하고 있는 건지? 해 놓은 것도 없이 시간만 지나간 것 같이 보이고… 불안하기도 하고, 무인

도에 혼자 있는 외로움의 느낌도 들기도 하지. 그럴 때 자신이 걸어온 길을 글과 사진, 영상, 스토리로 적어 놓은 것을 보면서 마음을 다시 잡고는 하지. 아! '창업을 하면서 참 많은 걸 경험했었구나', '많은 사람도 만나고 말이야'라고 자신의 자존 감을 찾아주게 만들어 주거든. 더욱이 이 홈페이지는 창업자의 의지와 경험, 경력을 투자자에게 확실하게 보여 주는 계기가 되기도 하고. 내가 이렇게 철저히 준비했고, 자기관리도 하고 있다는 걸 보여 주게 되니까 말야.

[박주한 청년 창업가 개인 웹사이트(parkjuhan.modoo.at) 메뉴]

Q   **청년 창업가**: 창업 관련 자격증이 있나요?

A   **액셀러레이터**: 창업 교육도 중요하지만 창업 자격증도 중요하
    니 좀 알아봐야 해. 다양한 자격증이 있는데 쓸모가 있을 수도
    있고, 없을 수도 있어. 원래 운전면허 자격증이 운전을 잘한다
    는 증명서는 아니듯 창업 관련 자격증도 창업에 엄청난 도움
    이 된다기보다는 지적 영역을 넓히고 더불어 경력관리에 필요
    한 사항이지. 창업 관련 자격증은 기초적인 것부터 갖고 있으
    면 언젠가는 도움이 될 수 있을 거야.

Q **청년 창업가**: 그럼 어떤 자격증부터 도전해 볼까요?

A **액셀러레이터**: 우선 쉽고 빠르게 취득할 수 있는 것부터 해보자. 창업 교육 이수도 자격이니 그것부터 시작해서 교육하면 받는 수료증, 개인투자조합관리사 2급처럼 시험을 보는 자격증도 있어.

Q **청년 창업가**: 공부가 많이 필요한 것은 아니죠?

A **액셀러레이터**: 자격증을 따기 위한 최소한의 노력은 필요하겠지. 어렵지는 않다는 뜻이지만, 어느 정도 경력과 노력의 시간이 필요한 자격증도 있지. 예를 들어 기업기술가치평가사, 기술거래사, 경영지도사, 기술지도사, 벤처캐피탈리스트, 창업보육매니저 등은 교육 시간도 꽤 길고 난이도도 있는 자격증들이지. 이렇게 어려운 것은 군대 다녀와서 경력이 몇 년 이상 쌓였을 때 고민해 보시자구.

Q **청년 창업가**: 그럼 취득이 쉬운 거부터 알려주세요?

A **액셀러레이터**: 자격증도 있지만 수료만 해도 수료증을 주는 교육에 참여하는 것도 경력관리에 도움이 될 거야. 그러니 자격증과 수료증을 같이 알아보자구.

▪ 예비 창업부터 창업 1년 차까지 박주한 대표가 취득한 자격증 리스트

2017/01 창업넷 창업 교육 이수(1인창조기업강좌 1/29일 수료)

2017/04   2017년 제1차 청년 · 기술창업교실 교육과정 수료

　　　　　(주최: 기술보증기금/주관: 기술보증기금, 벤처기업협회)

2017/04 적격엔젤양성교육 수료(인천창조경제혁신센터)

2017/05 자동차면허증 취득(2종 보통)

2017/08 SBA 스타트업스쿨 5기 수료

2017/10 온라인(SNS) 마케팅을 활용한 소상공인 창업 아카데미 수료

2018/01 개인투자조합관리사 2급

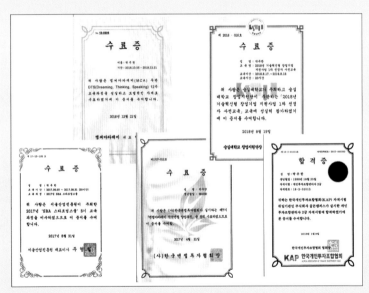

[청년 창업가 박주한 대표 취득 자격증]

Q   **청년 창업가**: 개인투자조합관리사는 왜 따야 하는 거죠?

A   **액셀러레이터**: 개인투자조합관리사는 민간 자격증인데 스타트업 대표에게 꼭 필요한 자격증은 아니야. 다만 개인투자조합관리사 자격증을 따기 위한 교육을 들어보면 이제 투자자의 눈으로 투자 대상 회사를 객관적으로 볼 수 있는 기회가 있을 거야. 벤처캐피탈리스트 과정도 마찬가지인데 그건 수준이 높으니 몇 년 후에 배우는 것으로 하고, 개인투자조합관리사 2급 정도를 공부하면 좋을 것 같아. 어떤 부분을 회사에서 추가로 보완해야 하는지도 알 수 있을 거야. 그렇게 어렵지 않으니 한번 도전해 보시자구.

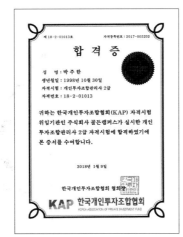

[개인투자조합관리사 자격증]

Q **청년 창업가**: 이제 12월인데 예비 창업가에서 실제 창업은 언제 하나요?

A **액셀러레이터**: 조급해하지 말자구. 예비 창업가로 지낸 1년을 돌아봐봐. 엄청난 강행군을 했지. 한국청소년보호연맹 봉사활동부터 6개월간 기초 디자인 수업도 끝내서 포토샵이나 일러스트도 조금 할 수 있고. 수십 개의 교육과 행사 참관, 거기에 실제 몇 차례의 IR과 PT도 직접 수행했고 말이야.

자 이제! 1년간 예비 창업자로서 착실히 준비했으니 이제 진짜 창업을 해볼까?

Q **청년 창업가**: 와! 떨리네요….

A **액셀러레이터**: 11월이나 12월에 법인을 내면 창업하자마자 결산을 해야 하니 첫해부터 적자로 결산이 나올뿐더러 회계 결산비도 추가로 지출해야 해. 그러니 창업은 가능한 한 연초가 좋은 시기야. 괜히 나이 한 살 더 먹는 약점도 있고 말야.

Q **청년 창업가**: 법인을 내려면 어떤 것부터 먼저 체크해야 하죠?

A **액셀러레이터** :우선 법인명이야. 앞서 많은 기업이 법인명을 사용하고 있어서 새로운 법인명을 찾기가 쉽지 않아. 대법원 홈페이지에서 법인명을 검토해 보고 중복되지 않는 법인 이름을 고르면 돼.

Q **청년 창업가**: 법인명과 서비스명이 같아야 하나요?

A **액셀러레이터**: 꼭 같을 필요는 없어. 구글을 서비스하는 기업 이름은 알파벳이야. 다만, 브랜드가 약한 스타트업들은 하나로 통일하는 게 유리할 뿐이지.

A **액셀러레이터**: 다음은 도메인을 확보해야지. 요즘은 워낙 도메인의 중요성이 중요한 시대이니 도메인이나 상표권과 같은 지적 재산권을 확보하는 게 필요하지. 상표권은 변리사무소에 부탁하면 되고, 도메인은 도메인 등록 사이트에서 확보하면되고.

Q **청년 창업가**: 법인명이 정해지면요?

A **액셀러레이터**: 사업장을 낼 곳을 정해야겠지. 주소를 어디로 해야 하느냐에 따라 등록 세금도 달라지거든.

Q **청년 창업가**: 저는 어디에 사무실을 내야 하나요? 집도 가능한가요?

A **액셀러레이터**: 개인사업자는 집에 사업자를 내는 것이 가능하지만, 법인은 집에 내기가 쉽지는 않지. 공간이 필요하고 주소만 사용한다면 공유오피스에서 서비스하는 비서 서비스를 이용

하면 주소를 낼 임대차 계약을 맺을 수는 있지만, 그리 권할만 한 방식은 아니고. 지인들이나 오피스를 제공해 주는 사업 신청을 통해 해결하면 좋을 것 같아. 지금 능력이 된다면 공유오피스에 입주하는 것도 추천할 만하지.

Q **청년 창업가**: 공유오피스요?

A **액셀러레이터**: 오피스를 다 같이 쓰는 서비스인데 사무실은 최소화하고 공유공간이 회의실, 접견실, 휴게실, 메이커스 페이스, 멀티미디어 관련 공간을 제공해 주는 서비스야. 2018년 말에는 위워크라는 공유오피스 업체에 소프트뱅크의 손정의 회장이 3조 3,000억 원을 추가 투자하면서 화제가 된 적이 있어.

Q **청년 창업가**: 공유오피스가 좋을까요?

A **액셀러레이터**: 초기 인원이 많지 않으면 나쁘지는 않을 거야. 게다가 사무실을 열게 되면 준비해야 할 것이 많이 있거든. 전산 장비 외에도 책상이나 의자, 전기, 전화, 통신, 인터넷망, 보안, 인테리어 등을 준비해야 하는데 공유오피스 서비스는 이런 하드웨어적인 문제를 한 번에 해결해 주거든. 다만, 대략 15~20명이 넘어서는 순간부터는 자체적인 사무실을 꾸미는 게 나을지 몰라. 공유오피스는 1인당 25만 원에서 40만 원의 월 비용을 지급해야 하니까 말야.

Q **청년 창업가**: 사무실까지 정해지면 이제 법인 신청을 해야 하나요?

A **액셀러레이터**: 바로 직전에 결정해야 할 요소들이 있는데, 법원

03. 좌충우돌 청년 창업

은 회사 법인을 사람처럼 하나의 인격체로 보기 때문에 법인의 의사 결정을 하는 의사 결정권자들에 대한 약속이 필요하지. 법인에 최초 자금을 투자하는 투자자들을 주주라고 하고, 이 주주들이 모여 투자한 회사에 대한 의사 결정을 하는 모임을 주주총회라고 해.

Q **청년 창업가**: 드라마나 영화에서 본 것 같아요. 주주 총회.

A **액셀러레이터**: 자금을 투자한 주주들은 회사의 실질적인 주인이야. 주주는 회사의 소유권을 갖고 있는 것이지. 다만, 주주들이 직접 경영을 하지 못할 경우가 있는데 이때는 회사에 이사들을 주주총회에서 선출해서 회사 경영을 맡기게 되는 시스템이 이사회야. 여러 이사들이 경영 의사결정을 하게 되는 거지.

Q **청년 창업가**: 그럼 이사 중에서 대장이 대표이사군요.

A **액셀러레이터**: 그렇지. 주주들로부터 경영권을 위임받은 이사들 중에 대표를 뽑아 회사의 경영권 행사에 대표성을 주는 시스템이야. 그래서 대표이사는 주주들이 뽑는 것이 아니라 이사들이 모인 이사회에서 뽑게 되지.

Q **청년 창업가**: 조금 복잡하지만 주총과 이사회에 대한 개념 정도는 조금 알겠네요.

A **액셀러레이터**: 다행이네. 이 주총과 이사회 개념을 서로 약속해 놓은 것이 바로 회사의 '정관'이야. 정관에는 이사회와 주주총회의 운영에 대한 내용이 상세히 적혀 있어.

Q **청년 창업가:** 그럼 정관은 누가 만드나요?

A **액셀러레이터:** 원칙적으로 정관은 주주들과 이사들이 만들어야 하지만, 전문가들이 아닌 이상 표준 정관이라는 게 있어. 샘플이지. 이 표준 정관을 기준으로 창립 주주총회와 창립 이사회에서 정관을 확정 짓게 되어 있어.

Q **청년 창업가:** 그걸 제가 직접해요?

A **액셀러레이터:** 혼자도 할 수도 있지만 시간을 벌기 위해서라도 법인 설립은 전문적인 업무를 담당하는 법무사사무소에 대행을 맡기고는 해. 그럼 법무사 측에서 법인 설립 등기에 들어갈 항목들인 정관, 상호명, 주소, 설립자본금, 이사, 대표이사 등에 대해서 요구하게 되어 있지.

Q **청년 창업가:** 그럼 저도 법인 설립하는 거예요?

A **액셀러레이터:** 그럽시다. 우선 사무실 낼 곳을 정하고 임대차계약을 하는 게 좋겠어. 박 대표는 액셀러레이터에게 액셀러레이팅을 받고 있고, 그 공간을 무상으로 사용할 수도 있으니 액셀러레이터 회사 내에 법인을 설립하자고.

Q **청년 창업가:** 그럼 자본금은요?

A **액셀러레이터:** 아직 투자 전이고 이제 막 시작하는 스타트업이니 우선 박 대표가 10만 원을 내고, 그 10만 원 자본금으로 법인등기를 마치고, 등기가 나오면 사업자 등록을 신청하자구.

Q **청년 창업가**: 자본금이 10만 원이요?

A **액셀러레이터**: 회사를 초기 운영하기 위해 자기가 조달한 자본 금액을 말하지. 원래는 자기 자본금 내에서 사업을 해야 하지 만 스타트업은 급여를 받지 않거나 지원사업으로 운영할 수 있어 최소 법인 설립 자본금으로 법인을 설립하는 것도 나쁘 지 않아.

다만, 외부 투자를 받게 된다면 주주가 있는 주식회사가 유리 하니 크게 하지 말고 우선 자본금 10만 원으로 법인을 설립해 보자구. 나중에 자본금을 필요로 하면 특허를 출자하던지, 미 지급 급여나 창업 준비금을 자본금으로 전환하면 되니 너무 걱정하지 말구.

Q **청년 창업가**: 법인 창업을 하려면 돈은 얼마나 필요한가요?

A **액셀러레이터**: 우선 법인 등기비와 법무사비로 100만 원 정도가 필요하고, 사무실 보증금이나 운영 자금에 따라 창업비는 차 이가 많이 나게 되어 있지. 박 대표의 경우 사무실 보증금이나 집기 비품이 필요 없으니 등기 비용과 도메인 확보 비용 그리 고 명함 디자인과 인쇄비, 전산장비 구입비가 들어가겠지. 창 업 초기는 비용을 최소화해야 한다는 점만 명심하자구.

Q **청년 창업가**: 법인 설립에 필요한 서류는 무엇인가요?

A **액셀러레이터**: 법무사에 맡길 수도 있지만 온라인 법인 설립시 스템에서 법인을 설립할 수도 있어. 박 대표가 100% 주주겸 1

인 등기이사 겸 대표이사가 되는 1인 창조 기업으로 법인을 우선 내보자구오. 이제 본격적으로 시작해 보자구. 법무사에 전화해 보면 친절하게 필요한 서류 알려줄 거야.

Q **청년 창업가**: 법인 등기가 나왔네요? 이제 창업이 된 건가요?

A **액셀러레이터**: 정확히 말하면 사업자 등록까지 발급되어야 창업이 되었다고 볼 수 있어. 사업을 하겠다고 세무서에 신청하고 허가를 받는 건데, 사업자 등록증이 있어야 법인은 은행에서 통장을 만들 수가 있어.

[덩키기프트 등기부 등본]

Q **청년 창업가**: 아… 그럼 사업자 등록도 법무사에서 대행해주나요?

A **액셀러레이터**: 요청하면 해줄 수도 있지만 경험상 관할 세무서가서 직접 사업자를 신청해 보는 게 좋을 거야. 사무실 주소이

전으로 이사를 가든 업종을 바꾸게 되면 매번 가야 하니 말이
야.

Q   **청년 창업가**: 사업자 등록에 필요한 서류는 뭐가 있을까요?

A   **액셀러레이터**: 등기부 등본과 임대차 계약서 원본, 법인 인감 등
    이 필요한데 정확하게는 해당 담당자에게 전화로 문의를 해
    보고 가는 게 좋아. 관공서에서 대관 업무를 하러 방문할 때는
    미리 전화로 방문 필요 여부, 담당자 미팅 가능 여부, 필요서
    류 등을 자세히 문의하고 방문하는 습관이 창업자에게는 시간
    을 아끼는 팁이야.

[덩키기프트 사업자 등록증]

Q   **청년 창업가**: 이제 사업자 등록까지 발급이 끝났어요. 신청한
    지 2~3일 걸릴 줄 알았는데 금세 나오네요.

A   **액셀러레이터**: 세무서에서 사업자를 내줄 때 의심스러우면 확인을 하게 되는데 그때는 시간이 걸리는 거야. 특히 전대나 전전대 등 임차료 프리인 경우 임대인들에게 전화를 걸어 확인하거나 확인차 방문을 하기도 하지.

Q   **청년 창업가**: 그럼 등기도 나오고 사업자등록증도 나왔으니 이제 무얼 할까요?

A   **액셀러레이터**: 사업자 등록을 들고 가서 법인 통장을 개설해야겠지. 법인 공인 인증서도 발급받고 말야. 통장이 발급되면 이제 예비창업의 이름표는 떼어 버리고 창업자로서의 생각을 갖춰야겠지. 창업 지원사업도 법인만이 가능한 사업에 관심을 갖고 말야.

Q   **청년 창업가**: 창업 후 스타트업을 지원해 주는 기관이나 프로그램들이 많이 있나 봐요?

A   **액셀러레이터**: 중기부, 각종 협회, 창조경제혁신센터, SBA, 기보, 신보, 지방자치단체 등에서 수행하고 있어. 너무 많아서 일일이 알려줄 수는 없지만 온오프믹스나 창업넷 같은 행사 모음 사이트를 꾸준히 들어가 보면 좋은 기관이나 프로그램을 찾을 수 있어. 다만 매년 사업이 병합되기도 하고 신설되기도 하고 폐기되기도 하지.

[2018년 창업 지원 기관 및 창업 프로그램]

| 2020년 창업 지원사업 |

1. 예비 창업패키지 - 2020년 초
   - **지원 내용**
     (1) 창업 사업화에 소요되는 사업화 자금(최대 1억 원)
     (2) 창업 교육 및 멘토링
     (3) 네트워킹, 후속 지원 프로그램 등
   - **지원 대상** - 예비 창업자

2. 초기 창업패키지 - 2020년 초
   - **지원 내용**
     (1) 사업화 자금(고급기술 및 유망 창업 아이템 보유 초기 창업기업의 시제품 제작, 마케팅 활동 자금)
     (2) 초기 창업 특화 프로그램(사업화 자금을 지원받는 초기 기업에 아이템 실증 검증, 투자 연계, 멘토링 등)
   - **지원 대상** - 창업 3년 이내 기업

3. 창업도약패키지 - 2020년 초
   - **지원 내용**
     (1) 사업화 지원(최대 3억 원)
     (2) 성장 촉진 프로그램(제품 개선, 디자인 개선, 수출 지원, 유통 연계)
   - **지원 대상** - 창업 후 3년 이상 7년 이내 기업

4. 글로벌 액셀러레이팅 - 2020년 초
   - **지원 내용**
     (1) 국내 창업기업의 해외 진출 액셀러레이팅 및 해외 진출 자금 20백만 원
        - 지원국가: 미국, 중국, 영국, 프랑스, 싱가포르, 베트남, 이스라엘
   - **지원 대상** - 창업 7년 이내 기업

5. 민관공동 창업자 발굴 육성(TIPS) - 2020년 초
  · **지원 내용**
    (1) 창업 사업화 자금(최대 1억 원)
    (2) 해외 마케팅 자금(최대 1억 원)
  · **지원대상** -TIPS(R&D)에 선정된 창업 후 7년 이내 기업

6. 사내 벤처 육성 - 2020년 초
  · **지원 내용**
    (1) 사업화 자금 최대 1억 원
    (2) 사업화 실증 최대 2억 원
    (3) R&D 자금 연계 최대 4억 원
  · **지원 대상** - 사내 벤처팀 및 분사 후 3년 이내 창업기업

7. 창업기업 지원 서비스 바우처 - 2020년 초
  · **지원 내용**
    (1) 세무·회계(기장대행 수수료 등)
    (2) 기술보호(기술자료 임치 및 갱신 수수료)
  · **지원 대상** - 만 39세 이하 창업자 중 창업 3년 이내 기업

8. 창업 성공패키지(청년창업사관학교) - 2020년 초
  · **지원 내용**
    (1) 청년창업사관학교 내 창업 준비 공간 제공
    (2) 사업화 지원(최대 1억 원)
    (3) 정책자금 등 후속 연계 지원
  · **지원 대상** - 제조 융복합 업종 영위 창업기업, 만 39세 이하 창업 3년 이
           내 기업

9. 창업 성공패키지(글로벌창업사관학교) - 2020년 초
- **지원 내용**

  (1) 글로벌 진출 준비 지원

  (2) 사업화 지원(최대 2억 원)

  (3) 현지화 액셀러레이팅 지원
- **지원 대상** - 청년창업사관학교 졸업 CEO 중 글로벌 진출 가능성이 높은 창업 7년 이내 기업

10. 로컬 크리에이터 바우처 지원 - 2020년 상반기 예정
- **지원 내용**

  (1) 비즈니스 모델 등 성장 단계에 따라 맞춤형 지원
- **지원 대상** - 예비 창업자, 창업 7년 미만 기업

11. 혁신 분야 창업패키지(3대 신산업 분야) - 2020년 2월 예정
- **지원 내용**

  (1) 기술·경영 등 밀착 지원

  (2) R&D, 투·융자 연계 지원
- **지원 대상** - 창업 7년 이내 기업

12. 혁신 분야 창업패키지(소재·부품·장비) - 2020년 상반기 예정
- **지원 내용**

  (1) 사업화 지원
- **지원 대상** - 소재·부품·장비 관련 스타트업

Q   **청년 창업가:** 창업이나 창업자에 도움이 되는 책이 있나요?

A   **액셀러레이터:** 창업자는 너무 기술적으로 창업 스킬에 목을 매는 것을 조심해야 해. 오히려 인문학적 소양이 기반이 되는 게 더욱 필요하지. 그런 면에서는 《사피엔스》, 《협상의 법칙》, 《소유냐 존재냐》 등의 인문학 서적과 《린스타트업》, 《스타트업 패러독스》 등의 창업 실용서들을 교차해서 읽는 것이 필요하긴 해. 당장 책이 창업에 도움이 되지는 않지만 중장기적으로 도움이 될 듯하니 다양한 책들을 읽어 보면 좋을 거야.

Q   **청년 창업가:** 특별히 사업계획서를 잘 쓰는 방법은요?

A   **액셀러레이터:** 앞서 예비 창업패키지 요약서 작성 때도 얘기했지만 당연히 정답은 없지. 사업계획서 첫 페이지에 개요^{요약} 부분이 가장 중요해. 창업자 스스로 사업 개요를 명확히 알고 있느냐는 상대, 즉 투자자나 심사위원, 소비자들에게 매우 중요한 부분이거든. 아이러니하게도 창업자가 자기자신이 하고 있는 사업을 제대로 인지하지 못하는 경우가 생각보다 많아. 내가 하려는 사업을 명확히 선포하고, 강점을 차별화하고, 비전을 설득하는 요약서에서 절반의 승부가 나는 거지.

Q   **청년 창업가:** 좀 많이 어렵네요. 요약하는 것도 쉽지 않고….

A   **액셀러레이터:** 사업 개요는 가상의 보도자료를 작성해 보면 좀 더 쉬울 거야. A4용지 반 페이지에서 한 페이지 분량 정도로 신문기사를 써보면 내가 왜 이 사업을 해야 하고, 이를 통해

어떤 사회적 영향을 미칠 수 있는지, 어떤 역량을 갖고 있는지, 이 기사를 읽는 독자들은 내 사업에 얼마나 관심이 있을지 제3자적 관점에서 바라볼 수 있거든.

Q **청년 창업가**: 보도자료는 어떻게 써야 하나요? 무슨 포맷이 있나요?

A **액셀러레이터**: 보도자료의 포맷은 사업 개요_{요약}의 포맷과 매우 유사해. 보도자료를 읽고 비전문가인 사람들도 박 대표 사업이 쉽게 이해가 가고, 얼마나 돈을 벌 수 있을지 계산하기 쉬울 정도로 써야 해.

보도자료는 서사 구성이 가장 중요한 것 같아. 굳이 순서를 말하자면 제목_{소제목}, 시장 현황, 시장 문제점, 사업 내용, 인터뷰, 향후 기대 효과 순으로 구성되어 있지. 외우려 말고 서사 구조를 이해하면 쉽게 쓸 수 있을 거야. 지금 내가 진입하려는 시장에 이런 상황과 문제점이 있는데 이를 해결할 수 있는 아이디어나 기술이 나에게는 있다, 그러나 이 기술을 선택하면 우리 사회의 문제를 해결할 수 있다. 이런 식의 서사 구조가 초기 기업 홍보용 보도자료가 되겠지.

Q **청년 창업가**: 보도자료는 사업의 스토리네요?

A **액셀러레이터**: 그렇지. 그래서 보도자료가 완성되면 용어도 간결해지고, 카피도 생기고 유리한 것들이 많아져. 사업 요약이 저절로 되는 거지. 창업자의 사업에 대한 스토리텔링도 만들

어지고 말야.

(가상)보도자료

- 발신처: 진란엔지니어링
- 수신처: 관계기관 및 언론사 산업부 담당자 앞
- 제　목: 커팅기 전문기업 진란엔지니어링! 세계 최초 3중날 고속 커팅기 개발성공
- 부　제: 3중날 고속 회전 커팅기로 소음과 속도 70% 이상 줄여
- 기사 내용

25년 커팅기를 만들어 세계 35% 시장을 석권하고 있는 ㈜진란엔지니어링(대표이사 홍길동)은 세계 최초의 3중날 커팅기를 개발했다.

그간 커팅기 시장은 2중날 기술 상태에 머물러 있어 소음과 커팅 시간이 느려지는 큰 불편함을 겪고 있었다.

금번 개발된 3중날 커팅기 기술은 진란엔지니어링이 자체 개발한 핵심 기술인 다중 구조 커팅 기술의 일환으로 3년간 개발되어 상업화에 성공하게 된 기술이다.

㈜진란엔지니어링 이진란 대표이사는 "3중날 커팅 기술은 독일이나 일본에서도 해내지 못한 기술적 쾌거입니다. 향후 레이저 커팅이 어려운 주조물의 커팅에 있어 작업 시간을 3배 이상 줄일 수 있는 획기적인 기술로 이미 12개국 바이어들이 구매 의사를 밝혀온 상태입니다. 올해 상장을 앞둔 저희 진란엔지니어링이 글로벌 시장의 70% 확보를 목표로 나아가는데 큰 힘이 될 것입니다."라고 금번 기술 개발의 의의를 밝혔다.

올해 상장을 앞둔 강소기업 진란엔지니어링이 3중날 커팅 기술을 기반으로 세계 시장의 유니콘 기업이 되는 날을 기대해 본다.

- 연락처: 02-000-0000
- 관련 사진: 대표이사 사진, 기술 이해도, 제품 사진, 회사 로고

Q **청년 창업가:** 우와! 이해가 쉽네요. 우리 회사 보도자료도 그렇게 쓰면 되겠네요?

A **액셀러레이터:** 자, 그럼 지금 하려는 사업을 보도자료로 작성해 볼까?

- 발신처: 덩키기프트
- 수신처: 추석 설 선물 담당자 및 영업담당자 앞
- 제 목: 세계 최초의 후불제 쇼핑몰이 선물 문화를 바꾼다
- 부 제: 선물 받는 이가 행복해하는 서비스 덩키기프트
- 기사 내용

  창립기념일, 추석·설 같은 명절선물, 집들이 선물·개업 선물, 입직원 생일, 근로자의 날의 공통점은 바로 사장님의 고민이 생기는 날이다. 매번 같은 선물을 고르기도, 그렇다고 품질도 검증되지 않은 선물을 골라 보내기도 쉽지 않기 때문이다.

  년 5조 원 규모의 추석·설 선물 세트 중 1, 2, 3위를 기록 중인 참치 선물세트, 과일 선물세트, 건강 보조식품이 직장인이 제일 받기 싫어하는 선물 1, 2, 3위인 것으로 조사된 이유도 바로 여기에 있다.

  이렇게 선물의 다양성 요구로 인해 선물 고르기는 더욱더 어려워진다. 그렇다고 특이한 선물을 찾기도 어렵고, 한우 선물세트를 하기에는 가격이 부담된다.

  이런 선물 스트레스에서 해방해 줄 혁신적인 어플리케이션이 화제가 되고 있다. 수신자가 선물을 고를 수 있는 선물 선택형 기프트몰인 '덩키기프트'가 바로 그 해결의 주인공이다.

  덩키기프트에서 고른 여러 개의 선물을 고객이나 거래처에 SNS를 통해 보내게 되면 상대가 선물을 선택할 수 있는 이 서비스는 직원 단톡방에 링크만 올려놓으면 수백 명의 직원 선물을 단 한 번에 제공할 수 있는 시스템이다. 더구나 거래처나 직원의 주소를 몰라도 전혀 문제가 되지 않는다. 편

122

하게 받을 주소를 상대가 입력하기 때문이다.

실제 이번 설 선물을 덩키기프트로 제공한 OO문화재단에서는 직원들에게 제공된 설 선물7개(스팸 선물세트, 저주파 안마기, 동원참치 선물세트, 견과류, 보풀 제거기, 수제 한과, 프로바이오틱스 유산균) 중 하나를 선택하는데 4시간 만에 마감되어 그 편리성이 검증되었다. 또한, 직원의 주소를 재조사하거나 직원이 선택한 선물을 정산하는 부서의 업무 부담도 현저히 줄어들었음을 볼 수 있다.

덩키기프트의 박주한 대표는 "저희 서비스는 깜박해서 급히 선물을 마련해야할 경우, 상대의 취향을 전혀 알지 못할 경우, 거래처 임원의 주소를 확인하기가 곤란할 경우 등에 활용하면 더욱더 편리한 서비스입니다. 후불제 선택형 기프트 관련 특허를 보유하여, 향후 국내 포털 및 종합쇼핑몰, 온라인서점 등에 덩키기프트 시스템을 연계할 예정이며, 전통적으로 선물문화가 정착되어 있는 일본, 중국, 싱가포르, 동남아 등으로 덩키기프트 서비스를 곧 확대할 예정에 있습니다"라고 포부를 밝혔다.

현재 덩키기프트는 기술보증기금-창업진흥원에서 선정한 '2018년 기술혁신형 창업기업 지원사업'으로 선정되었으며, 현재 서비스되고 있는 웹과 구글 플레이스토어 외에도 4월에는 애플 앱스토어로 서비스를 확대할 예정에 있다.

Q **청년 창업가**: 정부 지원사업 사업계획서를 쓰려는데 너무 이해가 안 되는 부분이 많아요. 보유역량, 특장점, 차별화 요소, 경쟁력 등 계속 비슷한 걸 물어본 걸 또 물어보고….

A **액셀러레이터**: 이 점은 선배로서 참 미안한 부분이야. 20년간 창업을 한 나도 정부가 요구하는 사업계획서를 작성하다 보면 머리가 아프거든, 하하! 굳이 작성 팁이 있다면 큰 그림을 먼저 보여 주고 반복되는 질문에 세부적인 그림으로 나누어 설

명하면 좋을 것 같아.

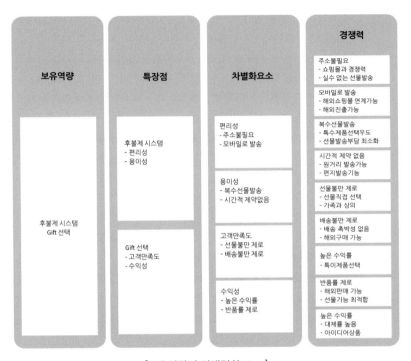

[보유역량이 경쟁력화 Map]

Q **청년 창업가**: 스타트업들이 교류하는 곳들이 많은 것 같아요?

A **액셀러레이터**: 요즘 서울시 창업허브와 같이 정부나 지방자치단
   체 차원에서 스타트업 공간을 지원하는 곳이 많이 있지. 지난
   번 교육받았던 서울시 산하 서울산업진흥원 SBA에서 운영하는
   아스피린센터, 공덕 창업허브, 성수동 IT 종합센터 등에는 다
   양한 교육 프로그램과 입주 지원을 하고 있어. 각 지역의 창조

경제혁신센터들에 프로그램도 매우 다양하지.

Q **청년 창업가**: 공유오피스라는 사업 자체는 어때요?

A **액셀러레이터**: 공유오피스와 인큐베이팅 시설과는 달라. 공유오피스는 플랫폼 비지니스의 일환으로 오피스 서비스를 제공해주는 대가를 받는 곳이지. 요즘은 교육이나 강좌, 네트워크를 강조하는 곳이 늘기는 했지만 근본적으로 임대업이야. 아직은 그 이상도 이하도 아닌데 탄생 동기 자체가 스타트업을 위해 설립된 비즈니스가 아니니 그 이상을 창업자들이 기대하는 것은 무리일 거야.

Q **청년 창업가**: 인큐베이팅 시설도 있던데요?

A **액셀러레이터**: 인큐베이팅 시설은 지자체, 대학, 창업경제혁신센터, 액셀러레이터, 창업보육센터 등에서 운영하는 보육 공간이야. 입주 지원과 추가 지원 서비스를 제공하고 있지. 잘 활성화된다고 볼 수 없는 이유는 입주자의 수요나 니즈를 따라가기보다는 관리 차원에서 운영하고 있어서이기 때문이지.

Q **청년 창업가**: 정부 창업 지원사업에 계속 떨어지는데 어떻게 하죠? 한 10번은 떨어진 것 같아요.

A **액셀러레이터**: 사업에 붙은 사람들을 봐봐. 그들은 많은 경험을 갖고 있든가, 준비를 많이 했었을 수도 있지. 이제 막 시작했으니 너무 조급해하지 말고 천천히 가보자고. 다만, 왜 떨어졌는지 알아야 피벗 Pivot 을 하든지 고치든지 할 테니 떨어진 이유

에 대해 꼭 피드백을 받는 것이 중요해. 담당자에게 이메일이나 전화로 꼭 물어보는 습관이 필요하지. 또한, 신청한 사업에 붙은 기업들을 유심히 관찰해 보면 주관기관이나 지원사업의 특성을 파악하기 용이할 거야.

■ 박주한 청년 사업가 지원사업 및 결과

2017년 2월   (사)벤처기업협회 PSWC 프로그램(합격, 멘토링 및 교육)

2017년 2월   제1차 윤민창의투자재단 프로그램

2017년 5월   SBA 스타트업스쿨 5기 프로그램(합격, 멘토링 및 교육)

2017년 5월   2017 창업선도대학 프로그램(서울과학기술대학교 1차 선정)

2017년 7월   2017 창업발전소 콘텐츠 리그 프로그램(1차 선정)

2017년 8월   제2차 윤민창의투자재단 프로그램

2017년 8월   2017년 제2차 창업선도대학 프로그램

2017년 8월   한양 스타트업 아카데미 프로그램(1차 선정)

2017년 9월   스마트 창작터 프로그램(합격)

2017년 10월   국민대학교 글로벌 메가마켓 프로그램(탈락)

2018년 5월   2018 창업선도대학 프로그램(국민대학교 1차 선정)

2018년 6월   2018 창업발전소 콘텐츠 리그 프로그램(탈락)

2018년 6월   2018 KDB 스타트업 프로그램(탈락)

2018년 6월   도전 K스타트업(1차 선정)

2018년 7월   기술혁신형 창업기업 지원사업(합격, 멘토링 및 자금 지원)

2018년 8월   지식 서비스 유망 청년 스타트업 경진대회(탈락)

2019년 5월   네오플라이 밸류업 스타트업 모집(탈락)

Q   **청년 창업가**: 군대 문제가 창업자의 역량과 연계가 되나요?

A   **액셀러레이터**: 개인에 투자하느냐? 기업이나 기술에 투자하느냐에 따라 다르기는 한데, 기업을 이끄는 데 있어 창업자의 역량이 매우 중요한 건 사실이지. 그러니 군대를 가야 하는 CEO에게 적극적으로 지원이나 투자를 하기는 쉽지 않을지도 몰라. 그걸 알고 시작했으니 핸디캡을 극복해 나가보자구. 지금 창업은 준비 겸 예행연습의 성격도 있잖아. 군대 가 있는 1년 반 동안 잠시 사업을 쉬게 해놓아도 나쁘지는 않아.

Q   **청년 창업가**: 내일 프레젠테이션을 하러 가야 하는데요, 떨리네요.

A   **액셀러레이터**: 스티브 잡스도 PT를 위해 1,000번을 연습했다고 하던데. 주의해야 할 점은 1,000번의 PT를 해 한 번 성공하는 게 아니라 한 번의 성공을 위해 1,000번을 연습을 했다는 점이지. 발표 연습하는 영상을 녹화할 테니 스스로 보고 나서 고쳐야 할 버릇, 시선 처리, 막히는 부분, 어색한 발음, 크라이막스 처리, 설득력 등을 한 번 살펴보자. 가족이나 주위 일반인들의 객관적 의견도 들어 보고.

Q   **청년 창업가**: 떨리지 않게 하는 방법을 알려주세요.

A   **액셀러레이터**: 사람 앞에 서는 게 쉬운 일은 아니지. 청심환도 좋지만, 한 번 약을 먹고 사람 앞에 서면 계속해서 약을 먹게 되므로 추천하지는 않는 방법이야.

떨림은 반복되면 많이 줄어들게 되지만 혹 방법이 있다면 우선 발표 중에 자기를 제일 온화스럽게 보면서 내 말에 끄덕이며 반응하는 한두 청중을 집중적으로 보면서 발표를 해 봐. 청중들의 시선을 고정시켜야 하고, 그들의 호흡을 뺏어야 하는 기술이 필요해. 지금 젊으니 패기와 열정을 더 많이 보여 주고 큰 목소리로 자신감과 질문에 당황하지 말고, 배우는 입장에서 겸손하면 좋은 결과가 있을 거야. 또한, 이 상황을 후회하면 안 돼. '왜 내가 이 나이에 이 고생을 하고 있지?'라던가, 어떻게든 피하고 싶다는 생각은 도움이 되지 않아.

Q **청년 창업가**: 프레젠테이션할 때 중요한게 뭘까요?

A **액셀러레이터**: 심사의원들은 전문 강사 수준의 PT를 원하지 않아. 그러니 너무 발표 기술에 얽매일 필요는 없지. 오히려 버벅거리고 당황하면 귀엽기도 하고 순수한 면으로 가점을 받기도 하지.

다만, 발표자가 가장 주의해야 할 것은 '청중이 듣고 싶은 얘기를 하는 것'이어야 해. 대부분 특히 엔지니어 출신의 발표자들은 자신들이 하고 싶은 얘기만 하는 경우가 많아. 자기의 스토리, 자기가 만든 기술, 자기의 경험과 비전들을 발표하지. 그런데 솔직히 앉아 있는 사람들은 그 분야의 비전문가들이 많아. 그러니 단어도 낯설고, 짧은 시간 안에 기술 설명을 들어도 잘 몰라.

또 앞부분에 인사하고 발표 자료 목차 읽느라 10분 중 2분을 허비하는 발표자들도 많아. 10분이 끝나가는데 대체 뭘 하겠다는 건지 정리해 주지 못하는 발표자들도 많고. 그다음이 앉아 있는 사람들이 다 알 것이라는 전제로 자기만 아는 전문 단어로 사업을 설명하는 발표자도 많이 있지.

결국, 상대가 궁금해하는 것을 설명하는 것이 가장 중요한 발표 기술이란 얘기야.

■ 박주한 청년 사업가 실제 발표 내용 도입부

안녕하십니까? 선물 주고 욕먹지 말자! 주식회사 덩키기프트의 박주한 대표입니다.

추석, 설, 생일 등 각종 기념일에 우리는 5조 원의 선물을 주고받고 있습니다. 그러나 원하지 않는 선물을 받아 본 경험이 많으시죠?
무엇을 보내야 할지 매번 고민이시기도 하구요?

저희 덩키기프트는 상대가 선물을 고를 수 있는 플랫폼 서비스를 통하여 받는 이 주는 이 모두가 행복한 선물 쇼핑몰을 운영하고 있습니다.
이제 상대의 주소 없이도 핸드폰번호만으로 선물을 보내실 수 있습니다.

이제부터 저희 덩키기프트가 명절선물로 여러분들께 참치캔이나 건강보조식품 대신에 신기하고 꼭 필요한 선물을 배달해드리도록 하겠습니다.

Q   **청년 창업가**: 발표는 하겠는데 질문을 받게 되면 당황하게 되요.

A   **액셀러레이터**: 말투부터 신경질적으로 화가 난 상태로 질문을 하는 사람이 있어. 자신의 선입견에 의해 해당 사업 자체를 부정적으로 바라보는 사람들도 있고. 수치를 집요하게 묻는 분들도 있지. 팩트체크를 하는 검사형 심사위원도 있고. 답변 태도를 보는 사람들도 있어.

중요한 것은 질문하는 사람을 화나게 하거나 어이없게 하거나 가르치려 하면 안 된다는 점이다. 모르면 솔직히 모른다고 하고, 지적받은 틀린 부분은 빨리 고치겠다고 인정하는 모습이 필요해. 쓸데없는 변명을 해서도 안 되지. 내 실수를 너무 빨리 인정하는 것도 안 좋지만 변명은 더 안 좋아. 지적사항에 대해 '아! 죄송합니다'라고 응대하는 것은 너무 빠른 무성의한 답변으로 보이거든. '그런 의미로 한 건 아닌데 오해가 있어 보입니다. 수정하도록 하겠습니다.' 정도가 좋은 답변이겠지. 질문자에게 호응을 하는 것도 좋은 스킬이야. '네 저희도 지적해 주신 그 점을 해결하려 여러모로 애쓰고 있습니다.', '그점이 저희의 약점이긴 한데 문제점을 알고 있으니 조금만 노력하면 극복할 수 있을 것으로 보입니다.'라고 말이야.

Q   **청년 창업가**: 기술 혁신형 창업기업 지원사업에 신청해 보려구요.

A   **액셀러레이터**: 기술 혁신 쪽이라 플랫폼사업자를 인정해 줄지 모르겠네. 경험이니까 한번 신청해 보자구!

Q   **청년 창업가**: 사업계획서 작성 시에 주의해야 할 사항은요?

A   **액셀러레이터**: 우선 심사자가 양식에 익숙해있으니 폰트나 양식, 순서를 임의대로 바꾸지 말아야 해. 주관기관이 원하는 포맷대로 쓰는 게 중요해. 숫자 단위가 틀리거나 숫자에 생명이 없으면 치명적이지. 물론 필수 요청 자료를 빼먹는 실수는 가장 치명적이야. 자격 미달로 검토 대상이 안 될 수도 있거든. 공고문을 잘 읽어 보는 것도 중요하지만, 공고 사업설명회에 꼭 참여하는 것도 중요해. 또는 담당자에게 자기 상황을 전화 또는 방문을 통해 물어보는 것도 중요해.

Q   **청년 창업가**: 사업계획서 숫자에 생명이라 하시면?

A   **액셀러레이터**: 사업계획서에 나오는 숫자는 모두 살아 있는 숫자여야 해. 목차와 페이지 숫자도 살아 있는 숫자이며 필수적이지. 그러나 더 치명적은 것은 죽은 숫자를 나열하는 실수야. 아무 연관성도 없는 숫자를 나열하는 것을 죽은 숫자라고 하지. 전 세계 시장 규모에서 5%를 선점해서 500억의 매출을 올리겠다는 사업계획서에 나열된 숫자는 근거도 없는 모두 죽은 숫자라고 봐야지. 자신만의 숫자가 아니니 반응이 없거나 오히려 공격 대상이 되고는 해. 사업계획서에 나오는 숫자는 살아 있는 숫자, 나만의 숫자여야 하는데 이를 핵심성과지표^{KPI}

라고 하지.

Q **청년 창업가**: 린스타트업과 KPI는 다른 건가요?

A **액셀러레이터**: 린스타트업이란 아이디어나 최소 요건 제품^{MVP}을 만들어 시장 반응을 즉각적으로 체크하는 과정을 말하는데, 린스타트업 수행의 목적은 KPI를 도출해야 하는거야.

Q **청년 창업가**: 그럼 KPI는 어떻게 설계해야 하는 건가요?

A **액셀러레이터**: 나만의 숫자, 남들이 보기에 이해할 수 있는 숫자를 KPI라고 하지. 아직 경영학에서 KPI의 개념이 확실하지는 않아. 몇몇 KPI 설계 방식이 있긴 하지만 정설은 아니고. 다만, KPI는 확률이나 통계와는 달라. 린스타트업 수행에 있어 표본 개체수도 그렇게 의미가 없어.

■ **박주한 청년 창업가의 회사인 덩키기프트의 KPI**

■ 죽은 숫자를 기반으로 한 목표 설정 과정
국내 추석, 설 선물시장규모 5조
· 10%인 5,000억 대체 목표
→ 목표 매출 3년 내 5,000억

■ 살아 있는 숫자(KPI)를 기반으로 한 목표
국내 선물시장 5조 중
· 2018년 설 맞이 린테스트 결과 기존 선물 상품류(농수산, 캔, 건보식품)
의 덩키기프트 전용 상품 대체율 70%
→ 따라서 최대 3조 5,000억 규모의 상품 대체를 목표

Q   **청년 창업가**: KPI 도출은 어떻게 해야 하나요?

A   **엑셀러레이터**: 사업별로 필요 KPI가 다르니 뭐라 딱히 정할 수는 없지만 덩키기프트의 KPI를 보면 대략 KPI가 무엇인지 감을 잡을 거야. 덩키기프트는 6가지의 KPI를 도출할 수 있었는데 기존 선물 상품 대체율, 쇼핑몰 수익률, 반품 및 교환율, 배송 불만율, B2B 동보 전송 반응률, 받는 이 메시지 답변율 등을 들 수 있지.

대체율 79%	최대 수익률 76%	반품률 0.5%	배송컴플레인 0.4%	반응률 37%
• 덩키기프트를 통한 기존 선물群 대체비율	• 온라인 쇼핑몰 대비 최대 수익률 비교	• 덩키기프트를 이용 받는 이의 선물 반품률	• 덩키기프트 이용시 받는 이의 배송불만 표출률	• 덩키기프트를 이용한 답장 및 공동구매 반응률

[덩키기프트 KPI]

Q   **청년 창업가**: KPI는 대부분 '비율'이 많네요?

A   **엑셀러레이터**: KPI는 비교 대상이 있는 것이 가장 좋아. 경쟁사와의 비교 또는 성장률 등 전후의 비교 등이지. 덩키기프트의 경우 대부분 경쟁사와의 비교 수치로 구성되었지.

덩키기프트 KPI	덩키기프트	경쟁 유사기업
1. 기존 기념일 선물 캔, 농수축산, 건보식품 대체율	69%	0%
2. 평균 수익률	36.7%	15%
3. 선물 반품 및 교환율	0.5%	25%
4. 배송 컴플레인율 0.4%	0.4%	35%
5. 여러 명 동시 전송 시 선물 선택 반응률 및 시간	4시간 98%	0%
6. 받는 이 감사 메시지 답변율	37%	0%

Q   **청년 창업가**: KPI도 나왔으니 이제 창업 지원사업에 제대로 신
     청해봐야겠는데요?

A   **액셀러레이터**: 우선 프레젠테이션할 때 KPI를 제시한다는 건 매
     우 중요해. 시장 테스트의 결과물이니 남들보다 한발 앞서 있
     는 거지. KPI의 사업성을 심사위원들이 인정해 줄 것이냐는 다
     음 문제고….

※ 해당 사업에 신청한 청년 창업가 박주한 대표는 1차 서류심사에 합격하고,
   2차 발표 평가에 도전해 해당 사업에 선정되어 정부지원금 5,000만 원을
   받게 된다. 특히 선정 이후 큰 자신감을 갖게 되었다.

[기술보증기금-창업진흥원 기술혁신형 창업기업 지원사업]

Q **청년 창업가**: 대학 특강을 하라고요?

A **액셀러레이터**: 비공식 특강이지만 또래 친구들에게 자극을 주고
싶거든. 물론 또래 친구들 앞에서 발표하는 경험을 쌓을 수 있
고 말이야.

[세한대학교 창업과목 청년창업 특강 중인 박주한 대표(2018.10)]

※ 박주한 대표는 세한대 외 MCA, 신향숙창업아카데미 등에서 IR과 특강을
하게 된다.

Q   **청년 창업가**: 창업을 하고 보니 부족한 면을 많이 느끼게 돼요. 대학 다니는 친구들 부럽기도 하고….

A   **액셀러레이터**: 고등학교 졸업 후 창업을 한다는 것은 매우 어려운 선택이야. 가장 큰 고역은 일과 공부를 병행해야 하는 고된 삶이지. 일반적으로 인문계 고등학교를 졸업하면 대학생활을 하게 되고, 남학생들은 군대 가기 전까지는 여유로운 생활을 즐기고는 하지. 졸업 후 석박사 과정이나 사회생활을 하게 되는 데 반해 창업자는 곧바로 사회생활을 하게 되어 있어.

그래서 자신의 역량을 올리기 위해 창업 후 1~2년 내에 방통대나 사이버대학을 갔으면 해. 학업과 병행하는 것이지. 나이나 특성화고 졸업 조건이 있는 재직자 특별전형도 있는데, 3년 이상 회사생활을 하면 갈 수 있는 야간대학 과정이지.

[전통적 사회생활 과정]

Q   **청년 창업가**: 사이버대학이요?

A   **액셀러레이터**: 우리나라는 아직 학력 위주의 사회야. 더불어 학교에서 다양한 내용을 꾸준하게 배울 수 있지. 그래서 창업을

하면서도 대학 공부를 병행했으면 하는데…, 회사 경력이 3년 이상이면 야간대학을 갈 수도 있지만 아직 창업단계 초기이니 시간을 줄이기 위해서 사이버대학을 추천하는 거야. 나중에 대학원 과정을 통해 좀 더 넓은 곳으로 나아갈 수도 있고 말이야.

[새로운 사회생활의 도전 과정]

Q **청년 창업가**: 사이버대학에 입학시험은 없나요?

A **액셀러레이터**: 아마도 큰 자격상 문제만 없으면 입학이 가능할 거야.

Q **청년 창업가**: 그럼 학과는 어떤 것을 신청해야 할까요?

A **액셀러레이터**: 물론 경영학과도 좋지만 창업으로 특화된 학과를 나오는 것도 좋을 것 같아. 졸업 후 창업대학원에 입학하는데도 도움이 될 수 있고 말이야.

Q **청년 창업가**: 찾아보니 열린사이버대학에 창업컨설팅학과가 있네요.

A **액셀러레이터**: 인터넷에서 정보도 더 들어보고, 선배들 의견들도 들어보고 결정하자고. 창업컨설팅학과 졸업과 창업 경험으

로 창업대학원에 진학하면 모양은 좋아 보이네…. 고등학교 졸업 후 2년 차인 21세부터 군대 가기 전에 사이버대학교 2학년까지 마치고 군대에서 말년에 온라인 교육으로 반 학기 마치고, 제대 후 다녀와서 1년 6개월 동안 3~4학년으로 마치게 되면 26세에 대학을 졸업하게 되는 거지. 그때 대학원을 다니면 좋을 것 같네.

※ 실제 박주한 대표는 열린사이버대학교 창업컨설팅학과 18학번에 입학하게 된다.

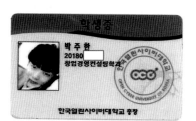

[사이버대학교 학생증과 재학증명서]

[열린사이버대학교 웹사이트]

[창업컨설팅학과 소개 사이트]

[창업컨설팅학과 교육과정]

교육과정

⤴ Share 🖨

교육과정로드맵	전공교육과정	수료증	자격증	창업지원프로그램

		창업컨설팅트랙	경영트랙
학년/학기		**창업사례 및 트렌드분석**	**기업경영의 기초이론**
1학년	1학기	• 창업의 이해와 기업가정신 • 창업경영성공사례 • 소매유통경영전략	• 경영학원론 • 인사관리
	2학기	• 유망창업트렌드분석 • 1인기업창업론 • 프랜차이즈창업	• 마케팅원론

학년/학기		**창업유형 및 비즈니스모델 수립**	**기업경영 계획수립**
2학년	1학기	• 창업아이디어개발 • 인터넷쇼핑몰창업 • 벤처기술창업론	• 마케팅조사 • 소비자행동론 • 입지 및 상권분석론
	2학기	• 웹컨텐츠기획실무 • 점포마케팅실무 • 오픈마켓창업 • 사회적기업창업	• 유통관리 • 국제경영학 • 상가투자론

학년/학기		**창업마케팅 및 컨설팅실무**	**기업핵심 역량전략**
3-4학년	1학기	• 인터넷마케팅전략 • 실전고객서비스전략 • SNS마케팅실무 • 창업경영컨설팅개론 • 사회적기업가정신과지속가능전략	• 경영분석 • 경영전략 • 점포개발론
	2학기	• 창업상담사개론 • 모바일비지니스활용전략 • 컨설팅사례연구	• 회계세무원리 • 서비스마케팅 • 물류및공급체인관리(SCM) • 브랜드경영심리 • 투자론 • 상가관리론

Q **청년 창업가**: 그럼 대학원은 오프라인에서 공부하는 건가요?

A **액셀러레이터**: 직장인을 위한 오프라인 대학원들이 개설되어 있거든. 창업전문대학원이나 기술경영 전문대학원이 각 대학별로 개설되어 있지. 주 2회 수업을 하는데 토요일에 집중해서 교육하는 곳도 있으니 계획대로라면 28세까지는 석사를 마치게 되겠네. 이어서 공부한다면 30세에 창업학 관련 박사까지도 가능하겠지. 여차하면 창업 경험을 통해 해외 유학도 가능할 수 있고 말이야.

이대로 하려면 자신의 미래에 대해서 미리 충분한 계획을 세워야 해.

Q **청년 창업가**: 박사학위도 따요?

A **액셀러레이터**: 박 대표가 원한다면 말이야. 박사과정은 석사과정과 연계되어 있어. 다만, 박사 후 과정은 외국서 하는 것도 나쁘지 않을 것 같아. 21세에 창업을 경험하고 국내에서 창업 관련 박사학위를 수여하였다면 10년간의 창업 경험과 그간 얻은 지식, 학력 등을 비교했을 때 박사 후 과정을 외국서 받는 것은 그리 어렵지 않을 것 같은데. 박 대표는 10년 후 창업 전담 교수가 될 수 있겠는걸,….

Q **청년 창업가**: 창업한 기업을 성공시켜야지 되는 것 아닌가요?

A **액셀러레이터**: 창업한 사업의 성패는 그리 중요치 않아. 무엇을 배웠고, 실패했을 때 어떻게 마무리했는지가 더 중요해. 결국

성공은 한 번만 하면 되니까 말야!

Q **청년 창업가**: 시야를 넓히려면 코엑스 등의 전시회도 가는 게 좋죠?

A **액셀러레이터**: 이제 융복합 시대라 내 사업 분야만 바라보고 가는 것은 위험하지. 자동차 전시회, 프랜차이즈 전시회, 도서전, 음식, 건축박람회 등 다양한 전시회에 참여하다 보면 아이디어가 생기고, 세상 돌아가는 것도 알게 되지. 1인 창업자가 조심해야 할 것은 바로 고립이야. 어느 순간에 친구들과도 멀어지게 되어 있어. 관심사가 다르니 만나도 할 말이 별로 없거든. 고립을 스스로 푸는 방법 중의 하나가 다양한 전시회, 행사 등에 참여하는 거지.

2017/01 스타트업캠퍼스 참관(서울창조경제혁신센터)
2017/01 프랜차이즈 박람회(SETEC)
2017/03 제27회 국제 소싱페어(코엑스 A홀)
2017/03 국제골프박람회(COEX)
2017/03 프랜차이즈 박람회(COEX)
2017/05 서울국제식품산업대전(주최: kotra 공동주최: UBM, ALLWORLD, KEM, KINTEX)
2017/10 한국전자쇼(COEX)
2017/10 벤처창업 페스티벌
2018/01 프랜차이즈 박람회
2018/11 글로벌 청년&스타트업 창업대전

[박주한 청년 창업가가 2년간 참석한 국내 전시회]

Q **청년 창업가**: 이제 창업도 하고 다른 업무도 많은데 창업 행사는 그만 찾아봐도 되나요?

A **액셀러레이터**: 지금 가면 그래도 아는 분들도 꽤 생겼지. 그런 인맥을 계속 유지하는 것도 사업의 일환이야. 게다가 새로운 아이템이나 시장 트랜드를 알 수 있으니 바쁘다는 핑계 대지 말고 창업 관련 행사는 꾸준히 다니는 게 좋을 것 같아. 물론 시간 낭비 말고 가서 사람들 만나고, 본인의 아이템과 연결될 수 있는 기업들 찾아내서 명함 교환도 하고, 그 기업에 방문도 하고 그러면 좋을 것 같은데.

Q **청년 창업가**: 어떤 사람이 창업 교육을 많이 받는 것은 별로 좋지 않다고 그러는데 무슨 말이에요?

A **액셀러레이터**: 어떤 교육이든 자신이 어떻게 받아들이냐에 따라서 다른 결과를 내지. 물론 현재 창업 교육이 다소 정형화되어 있고, 실제 성공 경험은 있는데 창업 경험이 적은 이들이 주도를 하는 경우가 있어서 그런 얘기가 나올지 몰라도 다양한 창업교육을 통해 자기 것을 만드는 현명함이 필요한 것 같아.

Q **청년 창업가**: 쇼핑몰 개발을 해야 하는데 외주 용역을 맡기는 게 좋을까요? 개발 직원을 뽑는 게 좋을까요?

A **액셀러레이터**: 사람을 뽑는 것은 매우 신중해야 해. 특히 스타트업에는 리스크가 커서 잘 오려 하지 않으니 거의 창업자 마인드의 개발자를 찾아야 할 거야. 단순히 구직 사이트에서 뽑

기는 어렵단 얘기지. 다양한 경로나 행사 등을 통해 만난 분들 중에서 고르면 좋을 텐데 시간이 조금 걸릴 것이고, 게다가 지금은 린스타트업을 위한 MVP^{최소기능제품} 수준의 개발이니 사람을 뽑기보다는 믿을 만한 업체에 외주를 주는건 어떨까?

Q **청년 창업가**: 사업을 진행하다 보니깐 식대, 기자재 등을 구매할 때마다 영수증이 쌓이는데 어떻게 관리를 해야 할까요?

A **액셀러레이터**: 일반적으로 회계 법인에 기장을 맡기면 좋을 거야. 월 10~20만 원대의 비용이 드는데 영수증 처리, 4대 보험 급여 처리, 세금 처리, 부가세 신고 등을 대행해 주거든. 물론 회계에 대한 상식을 알아야 하는데 회계법인 직원하고 얘기하다 보면 쉽게 배울 수도 있어. 결산만 별도의 비용 추가가 필요하지. 회사가 조금 더 커지면 4대 보험 급여 처리 등은 노무사에게 맡기는 것도 생각해 봐야 해. 국내 노동 관련 법이 복잡해지고, 위반 시 벌금 문제도 발생할 수 있거든.

Q **청년 창업가**: 창업은 하면 할수록 재미있긴 한데 어려워요.

A **액셀러레이터**: 그래서 다양한 경험을 가진 분들을 만나 보는게 좋을 거야. 이제부터 창업자에게 도움이 될만한 지식과 경험을 가지신 분들을 만나러 가보자구.

Q **청년 창업가**: 군대를 가야 하는데 하던 사업은 어쩌죠?

A **액셀러레이터**: 맡길 사람이 없으면 휴업을 해도 좋아. 그 사이 다른 아이템을 생각해 볼 수도 있고. 20대 초에 창업을 해서

성공하면 좋겠지만, 실제로는 좋은 경험이 되고 있잖아.

만날 수 없는 많은 분들도 만나고, 생각한 것을 사업화도 해보고, 총무나 회계 경험, 세금계산서 발급 등을 경험했으니 말이야.

20개월 정도 되는 기간 충전하는 시기라고 생각하고 다녀오면 될 것 같아. 다만, 요즘 군대에서도 공부할 수 있으니 학점은 행제를 통해 학점을 따 놓으면 더 좋겠지.

청년 창업가는 기업에 얽매이는 기업가가 아니고, 자신 스스로의 가치가 더 중요해. 그러니 자신이 어떤 역량을 키웠는가가 기업 성과보다 더 중요해. 군에서도 창업 아이템 계속 생각하고, 공부 게을리하지 말고….

건강하게 잘 다녀오길!

사회 전문가에게 묻는
궁금한 이야기

미디어에 관하여 궁금한 이야기
- 김종윤 SBS CNBC 차장

- mbn 매일경제TV 총리실, 재정경제원, 국세청, 중소기업청, 특허청 등 출입 기자
- OBS 경인TV 정경팀 국제팀 기자
- 디지틀조선일보 비즈니스&TV 산업문화팀장
- SBSCNBC 산업팀장/뉴욕특파원/CNBC Biz팀

Q **청년 창업가**: '포지셔닝'이 뭔가요?

A **김종윤 차장**: '포지셔닝'이란 소비자들의 마음속에 자사 제품의 바람직한 위치를 형성하기 위하여 제품 '효익'을 개발하고 커뮤니케이션하는 활동을 뜻하는데요.

미디어를 활용한 '포지셔닝'은 소비자가 해당 업종에서 가장 의미 있는 기업으로 선택할 수 있는 특징과 장점을 확보할지 여부에 달렸습니다. 업종 1위 기업은 살아남지만 치열한 경쟁 속에 2위와 3위 기업 자리는 없다는 냉엄한 현실에서, 새로운 분야에서 1위로 자리매김할 필요가 있다는 것입니다.

Q **청년 창업가**: 보도자료 작성을 잘 하는 방법이 있나요?

A **김종윤 차장**:

1. 먼저 보도를 해야 할지 여부를 결정하고, 보도하기로 했다면 아이템 관련 정보의 공개 범위를 결정해야 합니다.

2. 보도자료는 전달하는 메시지를 분명히 할 필요가 있습니다. 간결한 내용과 사진 등 이미지와 함께 1~2장 이내로 정리해야 합니다.

3. 제목은 12글자 이내로 명확하게 메시지를 담아야 합니다. 단문으로 작성한 내용의 본문과 제목을 통해 전달하려는 바가 분명해야 합니다.

4. 보도자료 작성은 신문, 인터넷 매체를 위한 텍스트뿐만 아니라 영상 및 이미지를 기반으로 작성할 필요도 있습니다.

5. 텍스트와 이미지, 영상으로 구성된 보도자료가 준비되어 있다면 이에 맞는 플랫폼에 자료를 배포하고 홍보하는 과정을 거쳐야 할 것입니다.

Q **청년 창업가**: 미디어 산업에서 영업과 마케팅은 어떻게 적용해야 할까요?

A **김종윤 차장**: 미디어는 뉴스, 콘텐츠, 서비스 등이 무형의 가치들을 전달하는 특징을 지니고 있습니다. 이를 고려해 영업은 해당 기업의 제품과 서비스 판매를 확대하기 위한 것이지만, 마케팅은 해당 기업의 콘텐츠에 대한 인식을 개선하고 위치를

확보하기 위해 포지셔닝을 하는 것을 말합니다. 이에 따라 미디어 특성을 충분히 검토해서 콘텐츠 소비자와 공급자의 수익 확보라는 영업에만 중점을 두기보다 그들과 소통하고 공동의 가치를 올리는 마케팅에 초점을 맞춰야 할 것입니다.

Q **청년 창업가**: 기자나 미디어와 친해지는 방법이 있나요?

A **김종윤 차장**: 모든 기자와 개인적인 친분을 갖는 것은 쉽지 않지만 해당 기업을 이해하는 기자를 알아둔다면 좋습니다. 이를 위해 카카오톡에서 기자의 생일에 축하 메시지를 남기거나 문자 메시지로 안부를 정기적으로 보내는 것은 어떨까요? 미디어와도 해당 기자를 통해 관계를 맺고 차차 발전시키는 것이 필요합니다.

Q **청년 창업가**: 미디어 관련 추천 도서가 있을까요?

A **김종윤 차장**: 아래의 책을 권합니다.

- 《기사 작성의 기초》, 이재경, 송상근, 이화여자대학교 출판문화원, 2018년 9월
- 《TV뉴스 기사 작성법》, 김문환, ㈜ 커뮤니케이션즈북스, 2018년 7월
- 《잘못된 문장부터 고쳐라》, 박찬영, 리베르, 2018년 2월 7쇄
- 《카드뉴스 마케팅》, 이은지, 황고은, ㈜ 상지사 P&B, 2016년 8월
- 《방송보도 기사 쓰기》, 류희림, 글로세움, 2012년 2월

- 《기사 쓰기 워크북》, 하준우, ㈜나남, 2007년 7월
- 《THE DESIGN, 더 디자인》 만화로 읽은 현대 디자인의 지도, 김재훈, 21세기 북스, 2019년 5월
- 《디지털 경제지도》, 디지털 트랜스포메이션 현장을 가다, 김광석, ㈜지식노마드, 2019년 4월.
- 《큐레이션》, 정보과잉 시대의 돌파구, 스티븐 로젠바움 지음, 이시은 옮김, ㈜이코노믹북스, 2019년 9월

Q **청년 창업가**: 보도자료용 기사를 작성하는 데 어떤 도움을 받을 수 있을까요?

A **김종윤 차장**: 미디어 소비자가 쉽게 이해하고 빨리 습득하는 좋은 기사를 작성하려면 오랜 기간 도제와 같은 글쓰기 연습과 선배 기자, 데스크의 기사 데스킹을 통해 수정 과정을 거쳐야 최종적으로 언론을 통해 소비자인 독자와 시청자가 콘텐츠를 만날 수 있습니다. 기자들이 전문가로서 기사를 작성하는 데 1차적으로 도움을 주는 것이 출입처와 취재 대상이 제공하는 보도자료라고 할 수 있습니다. 해당 보도자료가 기자가 핵심 사항을 파악하기 쉬운 글과 사진 등으로 구성된다면, 기자들이 이메일로 받는 수많은 보도자료 가운데 선택되어 기사화될 가능성이 커질 수 있습니다. 눈에 띄는 제목과 간결한 문체, 선명한 스토리텔링으로 구성된 보도자료를 작성하는 것은 해당 기업의 제품과 서비스를 홍보하는 최우선 전제 조건입니다.

Q   **청년 창업가**: 콘텐츠와 마케팅을 연계하려면 어떻게 해야 하나요?

A   **김종윤 차장**: 해당 기업의 콘텐츠는 마케팅과 연계하기 위한 적정한 플랫폼을 선택해야 합니다. 이를 위해 콘텐츠의 본질을 파악하고 수요가 있는 소비자에게 필요한 서비스를 제공하기 위한 마케팅에 초점을 맞춰야 합니다. 소비자와 시장이 원하는 콘텐츠가 최우선이고, 이를 위한 마케팅이 뒷받침해야 할 겁니다

Q   **청년 창업가**: 홍보와 마케팅 전략은 미래에 어떻게 변화할까요?

A   **김종윤 차장**: 빠르게 변하는 기술의 속도에 맞춰 홍보와 마케팅도 새로운 시도에 문을 열어야 합니다. '유튜브'의 사례에서 경험한 것처럼 콘텐츠에 대한 소비는 텍스트보다 영상에 대한 니즈가 더 큽니다. 영상 콘텐츠에 대한 소비도 길이가 짧고 임팩트 있는 영상에 더 많아진다고 봅니다. '틱톡' 등 10초 내외 영상이 갖는 특성에 맞춰 마케팅을 병행해야 할 것입니다.

경제사회에 관하여 궁금한 이야기
-금동일, 국가안보전략연구원

- 청와대 국가안보실 행정관
- 국무총리실 안보협력국장
- 현) 국가안보전략연구원 연구위원
- 현) (사)상생포럼 자문위원
- 현) SCI 연구소 이사

Q **청년 창업가:** 사업을 하면서 피해야 할 사람이 있다고 들었는데?

A **금동일 연구위원:** 처음 사업을 시작하게 되면 최소한 세 부류의 사람들과 마주하게 된다.

첫째, 사업 성격에 따라 다소 다르겠지만 대부분 사업은 인·허가 등 행정 절차를 위해 관청 사람들과 마주하게 된다. 관청사람들의 경우 시대가 변한 탓에 과거와는 달리 오히려 찾아다니면서 기업을 도우려는 봉사정신을 발휘한다. 그 때문에 요건만 갖춘다면 인·허가 과정에서 별 문제가 없다. 다만, 일부 공직자들은 아직까지 구태에 젖어 인·허가 및 규제 등을 핑계로 차일피일 미루면서 기업인의 속을 애태우는 경우가 있다.

이런 공직자는 피해야 한다.

둘째, 창업은 초기 자금이 필요하기 때문에 투자자를 찾게 마련이다. 투자자의 경우는 사업가의 기술과 회사 발전을 보고 투자하기 때문에 그것은 어디까지나 상대방의 판단 영역이므로 큰 문제가 되지 않는다. 문제는 창업 당사자가 바로 투자자 입장이 될 수도 있다는 점이다. 그 경우는 투자 대상 기업의 기술 개발자나 경영진의 감언이설甘言利說에 당하지 말아야 한다. 허접한 기술을 가지고 200%, 300% 이상 과장해서 상대방을 기망하는 경우가 대분이다. 그런 판단이 서면 반드시 주변 사람들의 조언을 듣기 바란다.

셋째, 창업 동반자다. 동반자는 단순 투자자이거나 기술개발자이거나 또는 공동 경영진이 될 수도 있다. 어떠한 경우든 자신을 지나치게 과대 포장하여 주변에 어마어마한 권력이 있는 것처럼 동업자를 현혹시키는 경우가 있다. 가장 조심해야 하고 반드시 피해야 할 인물이다.

결론적으로 말하자면 우리 주변에 중환자가 있다고 생각해 보자. 본인과 보호자들에게 '같은 병명이라도 3~4개 병원은 가보라'고 조언하는 경우가 있다. 이는 보다 정확한 진료와 완치를 위한 방편이다. 사업도 마찬가지다. 어떠한 부류의 사람이든 마주하게 되는 사람에 대해서는 수단과 방법을 가리지 말고 주변을 통해 철저하게 검증하는 절차가 필요하다.

Q **청년 창업가**: 창업가가 가장 우선시해야 할 점을 주문하신다면?

A **금동일 연구위원:** 창업을 하면서 가장 우선시해야 할 일은 사전에 교육을 이수한 다음 사업에 착수하라는 것이다. 주위를 돌아보면 이 책의 주 저자이신 박항준 교수를 비롯한 많은 전문가들이 진행하는 '액셀러레이터 교육 과정' 등 다양한 교육프로그램이 있다.

그러한 교육과정을 거치지 않고 아이디어와 용기만 가지고 사업에 뛰어들었다가는 백발백중 망하게 된다. 오늘 이 시간에도 수많은 사람이 같은 실수를 범하고 있고, 내일도 역시 같은 실수가 이어질 것이다. 분명한 점은 체계적인 교육과정을 거치면서 이론 체득과 함께 보다 현실적인 지식을 얻어야 한다는 것이다. 거기에 교육 참여자들의 생생한 삶의 현장 목소리를 접목시킨다면 사업 또한 체계적이고, 안정적으로 이루어지게 마련이다. 성공 확률도 높다.

왜냐하면, 과거 농경시대나 산업화 시대에는 주먹구구식 사업이 많았다. 그리고 사람의 육체적 힘과 권력, 기본적인 시장원리만 가지고 사업하던 시대였다. 하지만 4차 혁명시대의 사업이란 과학기술 분야뿐만 아니라 서비스업, 단순 제조업 등 모든 것이 IT를 기반으로 한다는 점이다. 그리고 법과 제도 틀 속에서 철저하게 시스템으로 움직인다.

창업 교육의 필요성을 강조하기 위해 한 가지 사례를 들어보자. 우리가 잊을 만하면 언론보도를 통해 알려지거나 또는 각자 개인이 직접 목격하는 장면이 있다. 다소 과장된 표현일 수 있으나, 어제 나타났다가 오늘 사라지는 동네 음식점 이야기이다. 왜 그 많은 음식점이 1년도 안 되어 투자비만 날리고 문을 닫는 이유는 무엇일까? 경기침체 및 과다 경쟁 등 여러 가지 이유가 있을 수 있다.

하지만 가장 중요한 이유는 창업에 대한 체계적인 교육 없이 막연히 '할 게 없으면 음식점이라도 하면 되지'라는 안이한 생각 때문이다. 따라서 창업 전에 실패 방지를 위한 사전 교육의 필요성을 아무리 강조해도 지나치지 않다.

다음으로 강조하고 싶은 점은 한 가지 아이디어에만 집중하라는 것이다. 두 가지 사례를 제시하면 쉽게 이해할 것이다. 첫 번째 사례는 학창 시절 공부할 때 성적이 좋은 학생들의 특징 중 하나가 교과서 또는 참고서 등 한 권의 책을 선정하여 집중해서 여러 번 반복한다는 점이다. 반면 반대의 학생들은 출판된 참고서는 모두 사서 모으면서 정작 한 권의 책에 집중하지 못하고, 이 책 저 책을 건성으로 훑어보다가 끝내는 경우가 허다하다. 당연히 공부의 효율성이 떨어지게 마련이다.

두 번째 사례로 우리나라 대기업 성장 과정을 이야기하고 싶다. 통상 대기업들은 모기업이라 할 수 있는 한 가지 사업 분야에 성공하면 곧장 문어발식으로 확장하는데 열을 올린다. 무엇이든 덩치가 커야만 폼 내기를 좋아하는 국민성 때문일 것이다. 물론 사업 영역을 확장하여 성공하는 경우도 있지만 대부분 실패한다.

이러한 폐단을 이야기할 때 흔히들 일본의 장인정신을 언급한다. 일본은 비록 우리 눈에는 허접스럽게 보이는 일일지라도 자신의 신분에 구애받지 않고 집안 대대로 이어온 가업에 열중하는 모습을 보인다. 성공의 가치가 무엇인지를 다시 한번 생각하게 하는 장면이다. 우리나라의 경우도 비록 기업 규모가 커졌다 하더라도 외부 환경에 흔들리지 않고 오직 한 가지 업종에 집중하여 50년, 100년을 넘게 이어오면서 지금도 성공 가도를 달리는 기업이 많다.

Q **청년 창업가**: 성공한 사업가들의 공통점이 있다면요?

A **금동일 연구위원**: 본인은 사업가는 아니지만 오랜 공직 생활을 하면서 터득한 나만의 인생 지론에 세 가지 이야기가 있다. 조직 내에서나 사회 관계망에서 늘 강조하는 이야기이다. 굳이 여기서 강조하는 이유는 성공하는 기업인들에게도 공통적으로 적용될 수 있다는 생각에서다. 구체적으로 말하자면 이렇다.

첫째, 몽골대제국을 지배한 칭기즈칸이나 중국 후한을 건국한 광무제 유수, 그리고 고구려 양만춘 장군과 조선의 이순신 장군 등을 통해 전해오는 "민심을 얻는 자, 천하를 얻는다"라는 어록이다. 지도자 입장에서가 아니라 평범한 개인의 입장에서 사람을 상대할 때 적용될 "마음을 얻는 자, 꿈을 얻는다"는 격언과 같은 맥락이다.

우선 주변의 성공한 사업가들을 보면 공식적인 업무나, 사적인 친교 과정에서 비록 그 대상이 누구든 간에 늘 겸손한 자세로 상대방을 존중하고 배려한다는 점이다. 이는 필자가 앞서 편지에서 언급한 이타심과 맥을 같이 한다고 보면 된다. 심지어 이들은 상대방의 약점보다는 장점을 찾아내어 늘 칭찬하면서 용기를 북돋우어 준다. 이것이 바로 사람의 마음을 사는 방법이다. 그렇다고 아무나 상대해서 그렇게 하라는 이야기는 아니다. 창업을 할 나이 정도 되면 내가 관계를 해야 할 사람인지 아닌지를 판단할 능력이 있을 것이다. 사람은 누군가로부터 인정을 받게 되면 인정한 사람에게는 물불 가리지 않고 자신이 받은 것 이상의 정을 주게 마련이다. 이처럼 진솔한 마음으로 상대방의 마음을 사게 되면 조직에서 상사는 나를 인정해 주게 되고, 부하직원은 나를 존경하게 된다. 특히 남자들 세계에서 술안줏거리로 삼는 재미나는 이야기가 있다. 바로 "나를 인정해주는 자에게 목숨을 건다"는 이야기 말이다. 특히 사업 파트너나 사업에 도움을 주려는 사람들에게는 마음을 사는 것이 매우 중요하다. 아마도 사업 성공의 첫 번째 요인이라 해도 과언이 아니다. 필자는 이 부분을 사업가의 개인 능력보다 앞 순위에 두고 싶다.

둘째, 최근 고인이 된 김우중 전 대우 그룹회장의 어록 "세계는 넓고 할 일은 많다"이다. 사업하는 사람들은 우선 시작 단계에서 꿈을 크게 그려야 한다. 우리는 어릴 적부터 '올라가지 못할 나무는 쳐다보지도 말라'는 속담에 속박되어 있다. 한마디로 도도한 국제화 물결을 맞이한 글로벌시대에서는 맞지 않는 이야기이다. 특히 사업가들에게는 더더욱 해당되지 않는다. 김우중 회장은 비록 사업 막판에 정치적 희생물로 대우그룹이 해체되는 아픔을 겪었지만, 세계를 품으려는 그의 원대한 경영철학은 후손들에게도 전수되길 바라는 마음이다. 필자는 이미 1995년 헝가리, 폴란드 등 동구 출장 때 목격한 대우그룹의 시장지배력에 충격을 받은 적이 있다. 김우중 전회장이 '세계는 넓고 할 일은 많다'는 명제 하에 큰 그림을 그리지 않았다면 그 당시 대우가 글로벌 시장에서 존재감을 드러내지 못했을 것이라는 점은 불문가지 不問可知다. 그렇다고 '창업'이라는 이름으로 막 개인사업을 시작하는 사람들에게 무지막지 無知莫知하게 허황된 꿈을 꾸라는 이야기가 아니다. 분수에 맞는 일을 찾되, 무엇이든 이루어 낼 수 있다는 배짱과 자신감을 갖고 창업에 임하라는 것이다. 더구나 '사람은 자신이 생각하는 대로 이루어진다'는 이야기도 있지 않은가. 용기를 내어 큰 꿈에 도전할 것을 권유하고 싶다.

셋째, 출처는 명확하지 않지만 필자가 가장 좋아하는 어록이다. 누구든 자신이 한 말이라고 주장해도 좋다. 다름 아닌 "인생에 정답은 없다. 단지 선택만 있을 뿐이다"는 문장이다.

160

이는 '사업을 하다 실패하더라도 절대로 절망하지 말고 오뚝이처럼 다시 일어나야 한다'는 점이다. 성공한 사업가도 한두번의 실패 경험이 없는 자가 어디에 있는가? 초등학생 입에서도 "실패를 두려워 말고 도전하라. 실패로부터 교훈을 얻는다."가 회자되는 시대다. 가볍게 듣고 넘길 이야기가 아니라는 점은 분명하다. 더구나 창업가들에게는 젊음이 있고 건강이 있다. 사업은 새로운 꿈을 품고 다시 도전하면 된다. 누군가가 개인사업을 하든, 공조직에 몸을 담든 간에 당장 눈앞에 놓인 기쁨과 슬픔에 일희일비—喜—悲 하지 말라는 이야기이다. 한때 잘나가던 사람도 어느 한순간 추풍낙엽秋風落葉 처럼 사라지기도 하고, 온갖 고뇌와 고통으로 생을 영위하던 사람도 어느 날 갑자기 개선장군처럼 나타나는 경우도 있다. 그것이 바로 인생이다. 특히 본인의 능력과 처신의 문제이든, 아니면 주변의 모함에서든 어떠한 불행이 닥쳐도 절대로 실망과 좌절하지 말고 '정해진 정답은 없다'는 자세로 최선을 다하라. 그러면 반드시 또 다른 정답이 눈 앞에 펼쳐질 것이다.

Q **청년 창업가**: 흔히들 사업을 위해서는 인맥이 중요하다고 합니다. 인맥관리를 위한 특별한 방법이 있을까요?

A **금동일 연구위원**: '인맥관리'라는 4글자는 인간으로 태어나 죽을 때까지 공동체 생활을 영위하는 과정에서 반드시 갖추어야 할 방편이자 최고의 덕목이요, 성공의 가늠자이다. "아무리 강조해도 지나치지 않다"는 말이 이럴 때 쓰는 이야기다. 다

만 사람마다 다른 점이 있다면 인맥관리가 필요 없는 것이 아니라 관리 대상과 방법이 다를 뿐이다. 특히 여타 직업과는 달리 사업을 하기 위한 창업가라면 투자, 정보, 기술, 행정적 지원 등을 위해서라도 반드시 인맥관리에 비중을 두어야 한다. 오직하면 "독불장군식 사업이란 지구상에 존재하지 않는다."라는 말이 나올 정도일까.

인맥관리가 중요하다 보니 요즈음 서점에 가면 많은 이론 책들이 쏟아져 나오는 것을 볼 수 있다. 대부분 읽어 보지는 못했지만 눈으로 언뜻 제목만 봐도 《인맥관리 방법》, 《인맥관리 기술》, 《인맥관리 18계명》, 《하루 1시간 인맥관리》, 《하버드 인맥수업》 등 셀 수 없을 정도다. 하지만 그러한 틀에 박힌 이론보다는 필자의 경험상 대학이나 각종 단체 및 협회 등에서 운영하는 최고위과정 등 현실적인 교육 프로그램을 이수하는 것이 가장 좋은 방법 중 하나라고 권유하고 싶다.

실례로 '소셜임팩트 액셀러레이터 아카데미', '경총 ESC 상생포럼', '전경련 최고위과정', '이노비즈 최고위과정', '중앙일보 포럼', '지역상공회의소' 등 다양한 프로그램이 있다. 대학에도 많은 과정이 있는데 어디든 한두 곳을 다니다 보면 각계 다양한 사람들을 만나게 되며, 거기서 만난 인맥이 사업 성공을 위한 훌륭한 자양분이 된다. 특히 창업자라면 '소셜임팩트 액셀러레이터 아카데미'를 반드시 수강할 것을 추천하고 싶다. 무엇보다도 강의 내용이 학교에서 듣던 아카데미식 교육

이 아니라 그야말로 인생 삶의 이야기, 사업 성공 이야기 등
보다 유익한 내용으로 꽉 차 있다는 점이다.

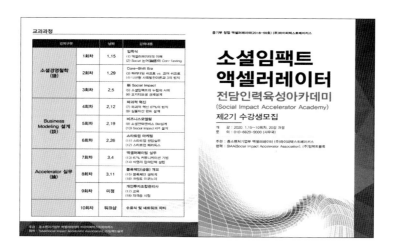

Q   **청년 창업가**: 기업가 정신을 얘기하는데 십계명같이 지켜야 할
   게 있을까요?

A   **금동일 연구위원**: 기업가 정신의 사전적 이미는 '기업의 본질인
   이윤 추구와 사회적 책임의 수행을 위해 기업가가 마땅히 갖
   추어야 할 자세나 정신'이라고 규정하고 있다. 기업가 정신의
   주요 덕목으로 1) 고객 제일주의, 2) 산업보국, 3) 인재 양성,
   4) 공정한 경쟁, 5) 근로자 후생복지, 6) 사회적 책임 의식을
   내세우고 있다.

   하지만 나에게 기업가 정신에서 십계명 같은 이야기를 해달라
   고 한다면 무엇보다도 1) 목표 설정, 2) 열정과 끈기, 3) 자신
   에 대한 믿음, 3) 실천 행동, 그리고 4) 사회적 신뢰를 강조하

고 싶다.

학창 시절 선생님께서 사회 진출을 앞둔 청소년들에게 당부할 때 자주 쓰는 키워드를 세 단어로 요약하라면 아마도 '목표-열정-실천'일 것이다. 이는 인간의 능력이란 자신이 하고 싶은 일에 대해 먼저 명확한 목표를 세운 다음, 그 목표를 달성하려는 의지와 열정을 갖고 지속적으로 실행에 옮긴다면 못 이룰 일이 없다는 의미일 것이다. 이것이 바로 기업가 정신의 모태라 할 수 있다.

금융에 관하여 궁금한 이야기
– 이해붕 핀테크현장자문역

- 증권감독원(1990~1999년)/금융감독원(1999~2020년 현재)
- 감독 당국에서 증권발행, 자금조달, 기업공시, 증권 집단소송, 집합투자(펀드), 크라우드펀딩 관련 제도를 담당하면서, 많은 강의 경력을 갖고 있다.
- 핀테크 스타트업 창업자들이 궁금해하는 금융 규제 전반에 대한 자문, 금융 규제 샌드박스 신청 컨설팅도 하고 있다. 나이에 안 맞게 '핀테크 아이돌'이라는 별명도.
- 가상통화/암호자산/디지털자산, 블록체인 기술에 대한 글로벌 규제동향을 끊임없이 연구하고, 블록체인 생태계의 건전한 발전을 바라며 국내에 소개하고 있다.

Q   **청년 창업가**: 엔젤 투자자가 만나자고 하는데요?

A   **이해붕 핀테크현장자문역**: 「벤처기업투자촉진법」이라는 법이 만들어졌어. 개인투자조합, 벤처투자조합 등 중소 벤처기업에 대한 투자 제도를 정비한 법이야. 엔젤 투자자가 만나자고 해왔다면 우리 기업의 가치를 본 거니까 거절할 필요는 없겠지. 문제는 우리 기업 가치를 어떻게 쳐주고, 지분은 얼마나 가져가려는지 알고, 대비책을 갖고 만나야 하겠지. 그쪽은 프로니

까 계약 관계도 엄청 까다롭게 해 올 테니까, 엔젤 투자와 연계해서 원스톱 자문을 얻을 수 있는 곳도 알아 두길 바란다.

'조건부지분인수계약'이라는 투자 방법도 새로 생겼어. 기업 가치를 정하기 어려운 창업 초기 기업에 대한 투자에 적합한 방식인데, 장래에 지분을 취득할 수 있는 권리를 부여하고 투자를 받는 방식이야. SAFE라는 외국 제도와 유사하지. 중기벤처부가 운영하는 TIPSTech Incubator Program for startup 라는 프로그램도 있으니까 알아 둬. 민간 투자 주도형 기술 창업지원 프로그램인데, 미래 전략 산업 분야 창업기업들을 글로벌 성공기업으로 키워낸다는 목표를 갖고, 매년 팁스 창업팀 지원 계획을 발표하고, 원스톱 서비스도 지원하니까 알아 둬.

Q **청년 창업가**: 정부에서 청년 창업을 지원하는 사업이 많은 것 같아요…

A **이해붕 핀테크현장자문역**: 지난 정부에 이어 이번 정부에서도 청년 창업 지원 프로그램이 있어. '제2 벤처붐' 계획도 발표했지. 중소기업벤처부를 비롯한 중앙정부 부처는 물론 지방자치단체들도 창업기업을 지원하고 있고, 규제 특구로 지정받은 곳에서는 규제 특례를 제공하고 있지. 위에 말한 팁스TIPS 프로그램도 있고, 창조경제혁신센터의 스타트업 캠퍼스도 창업 지원기관이지. 서울시는 공덕동에 창업허브를, 여의도 위워크 02 TERRACE 건물에 핀테크랩을 운영하고 있어. 2020년에는 마포에 Front 1이라는 청년 창업 공간이 오픈될 거야.

Q   **청년 창업가**: 투자를 받으려 하는데 얼마나 받아야 하나요?

A   **이해붕 핀테크현장자문역**: '데스밸리'라는 말이 있지. 창업한 뒤 몇 년간, 어려운 시기를 버텨 내면서 수익을 내야 기업으로 존속해 갈 수 있어. 사업계획 로드맵을 잘 살펴서 최소한 창업 이후 3년간 우리 회사가 어떤 모습과 조직을 갖춰야 하는지, 버텨 내기 위해 필요한 최소한의 자금 규모가 어느 정도인지가 나와야 되겠지.

Q   **청년 창업가**: 공개적으로 투자를 유치하려 하는데 주의할 점이 있을까요?

A   **이해붕 핀테크현장자문역**: 투자는 결국 수익을 돌려주겠다는 '약속'을 하는 거잖아. 내가 그 약속을 지켜낼 수 있어야 해. 특히 공개적으로 투자를 유치한다는 건 책임져야 할 상대방이 그만큼 많아진다는 거잖아. '소액 공모'라는 방식도 있고, '지분형 크라우드펀딩' 방식도 있고, 자금을 조달할 때 지켜야 할 규칙이 정해져 있고, 모을 수 있는 금액도 정해져 있어. 잘 모르면 물어봐야 돼. 금융감독원 핀테크 현장 자문단에도 자문을 구할 수 있어. 금감원 홈페이지 파인http://fine.fss.or.kr으로 들어가면 온라인으로 자문을 신청할 수 있는 '핀테크 현장 자문 서비스'라는 코너가 있어. 금융 꿀팁을 비롯해 금융에 관한 제도와 지식을 제공하는 곳이 파인이야.

Q   **청년 창업가**: 각종 협회에 가입하라고 하는데?

A **이해붕 핀테크현장자문역**: 창업을 하게 되면 여러 곳, 많은 전문가의 도움을 받아야 할 일이 많을 거야. 관련업계와 법규가 어떻게 흘러가야 하는지도 알면 좋을 거구. 협회라는 곳이 업자들의 '자율 규제 단체'인데, 문제는 정부 유관 부처의 승인을 받았는지 잘 알아봐야 해. 회비만 내고 전혀 도움을 받지 못하면 안 되잖아.

Q **청년 창업가**: 창업자가 금융을 알아야 하는 이유가 있나요?

A **이해붕 핀테크현장자문역**: 일반적으로 자금을 조달하는 방법으로 금융을 알아둘 필요가 있겠지. 금융과 관련된 핀테크 스타트업을 창업하려면 또 당연히 금융을 잘 알아야 하겠지. 기존의 금융권에서 제공하던 서비스와 차별화시킬 분야도 찾아내서 사업화하려면 당연하지 않겠어? 핀테크 지원 프로그램은 많아. 금융위원회가 주도적으로 핀테크 생태계의 스케일업 성장을 돕고 나섰지. 금감원 핀테크 현장 자문단에 고수들도 포진해 있고. 한국핀테크지원센터는 핀테크 데모데이 행사를 비롯해 혁신금융 사업자 신청 컨설팅을 해 주기도 해. 지원 센터 홈페이지 http://fintechcenter.or.kr를 즐겨찾기 해둬. 금융사들도 디캠프 DCamp 운영을 지원해 왔고, 자체적으로 핀테크랩 공간을 마련해 스타트업들을 모집해 입주시키고 원스톱 지원과 협업을 모색하고 있으니까 알아 둬. 한국핀테크위크 Korea Fintech Week 라는 대규모 행사도 있어. 2019년, 동대문 디자인플라자 DDP 에서 1차로 열렸는데, 매년 5월에 열리고 업체들이 부스를 열고

발표도 하는 큰 행사니까 관심을 갖기 바란다.

Q **청년 창업가**: 혹시 추천해 주실 책이 있을까요?

A **이해붕 핀테크현장자문역**: 책은 많이 읽을수록 좋은 거 같애. 왜? 저자가 애써서 정리한 지혜를 간접 경험할 수 있으니까. 책은 본인이 골라 읽는 것이지만 맛보기로 5권만 추천해 볼게.

첫째는, 《포스트 프라이버시 경제》_{사계절}라는 책. 아마존 수석과학자, 데이터 전략을 수립하고 소비자 중심 문화를 이끌었던 안드레아스 와이겐드라는 분이 저자. 《DATA FOR THE PEOPLE: How to Make Our Post-Privacy Economy Work for You》이라는 책 원래 제목에서도 알 수 있듯이, 모든 것이 기록되는 세상, 빅데이터로 분석되는 세상에서, 데이터 기업과 데이터 생성자의 이해관계가 부합하게 할 방법을 강조하고 있어. 마이데이터 myData 시대라고 하잖아. 내가 정보 주체로서 어떻게 하면 내게 도움이 될 수 있게 데이터를 관리해 나갈 건지, 그리고 기업가로서는 정보 주체인 고객에게 적합한 맞춤형 서비스를 제공해 주려면 고객이 어떤 진성 데이터를 제공하도록 유도해야 하는지 그 방향성을 생각해 볼 수 있게 하는 책이겠지.

둘째는, 《ATOMIC HABITS: 아주 작은 습관의 힘》_{비즈니스북스}이라는 책이야. 저자는 제임스 클리어. '제대로 습관화될 때까지 실천하라'고 하잖아. 느끼고 생각이 바뀌면 행동이 바뀐다는 얘긴 많이 듣지만, 행동이 바뀌어 습관화될 때까지 실천하긴 어려워. 이 책을 가까이 두면 손해는 안 볼걸.

셋째는, 《돈을 이기는 법》쌤앤파커스이라는 책. 알바트로스라는 필명으로 증권가에 유명했던 성필규라는 분이 돈을 벌기 위해 투자를 시작한 뒤 배운 돈의 이치, 인생의 이치를 담담하게 써 냈어. 뭔가 의지가 느껴지지. 저자가 좋아한다던 두보의 시 〈망악望嶽〉의 마지막 행이 와닿아서 추천해. "내 반드시 정상에 올라 뭇 산들의 자그마함을 굽어보리라."

넷째는, 《블록체인 혁명》을유문화사이라는 책인데, 탭스콧 부자가 썼어. '가치의 인터넷', '신뢰의 프로토콜'이라고 하는 블록체인 기술의 의미와 본질을 정확히 이해하고, 그로 인해 긍정적으로 변화될 미래 세상을 정치적, 경제적, 사회적 관점에서 구체적이고도 논리적으로 설명하고 있어.

다섯째는, 그 유명한 《성경》이야. 전 세계에서 가장 많이 팔린 책이라고 해서 권하는 건 아닌데, 그중에서 〈지혜서〉Book of Wisdom는 분량이 많지 않으니 꼭 읽어 보길 바란다. 다른 부분은 권한다고 해도 아마 잘 안 읽겠지만.

사회적기업에 관하여 궁금한 이야기
– 박상규 목사

- 아카데미라운지(주) 대표 역임
- 협동조합 소셜 마켓 대외협력/창업 담당
- 연세대 원두우 창업아카데미 담임 멘토/행정 총괄 담당
- 글로벌부동산블록체인 포럼(Global Realestate Blockchain Forum) 대외 협력
- 한국필란트로피소사이어티(Korea Society of Philanthropy) 사업 및 행정 총괄
- 일산광림교회 부목사

소셜 네트워커 박상규는 현재 감리교 W협동조합 및 사회적 경제센터 사무 총장, 연세대 링크플러스사업 사회적경제 협의회 대표, 한국메이커스 협동 조합 본부장이며 일산광림교회 부목사이다.

지역공동체 활성화를 위한 마을만들기, 스마트시티 등 소셜임팩트 사업에 참여하고 있으며, 청년과 실버 세대를 연결하는 사회적기업 창업과 창직을 미션으로 다양한 교육과 필란트로피 소사이어티 사업을 병행하고 있다. 최근 영등포 지역을 중심으로 '청년 창업/창직 클러스터' 프로젝트 매니저를 맡았으며 사회복지법인 선한목자재단, (사)스마트도시블록체인포럼, (사) 기독경영연구원, (사)실버평생교육원, 국제개발협력네트워크 등에서 전문 위원으로 활동 중이다.

Q **청년 창업가**: 사회적기업이 뭔가요?

A **박상규 목사**: 우리 사회에 있는 다양한 문제들, 예를 들어 일자리 창출, 환경, 의료, 교육, 문화, 주거, 노인, 청년, 장애인, 다문화, 새터민 등을 해결하는 방식을 비즈니스로 풀어가는 기업을 사회적기업이라고 합니다.

Q **청년 창업가**: 일반 기업과 사회적기업과의 차이가 있다면요?

A **박상규 목사**: 크게 두 가지로 이해하면 됩니다. 첫째는 존재 이유로서 일반 기업은 영리 목적만 위해서 존재한 데 비해, 사회적기업은 사회적 목적을 우선 추구한다는 것입니다. 쉽게 표현해서 '빵을 만들기 위해 장애인을 고용하는 것이 아니라, 장애인에게 적합한 일자리를 제공하기 위해서 빵을 만들고 판매하는 기업이 사회적기업'입니다. 그래서 둘째로 존재 방식이 전통적인 영리와 비영리의 중간 형태를 취하게 되어 개인회사가 아닌 법률에 의한 법인격 조직은 사회적기업이 될 수 있습니다.

Q **청년 창업가**: 사회적기업을 어디에 등록하는 건가요?

A **박상규 목사**: 우리나라는 「사회적기업 육성법과 사회적경제 활성화 법」에 근거하여 인증제를 실시하고 있습니다. 예비 사회적기업과 사회적기업으로 구분되는데 총 5개 유형 일자리 제공, 사회 서비스 제공, 지역사회 공헌, 혼합, 창의 혁신으로 예비 사회적기업은 지자체에 사회적기업은 그 분야의 부처에 소

정의 인증 과정을 거쳐야 됩니다.

참고) 한국사회적기업진흥원 – http://www.socialenterprise.or.kr

Q **청년 창업가**: 사회적기업의 등록 기준이나 의무사항이 있다면 요?

A **박상규 목사**: 현재 우리나라에는 인증 사회적기업_{예비 사회적기업 포함} 약 5,000개가 활동하고 있으며, 인증 사회적기업들은 인사, 재 무, 사업계획, 사회 목적 실현 등 다양한 영역의 정량적, 정성 적 평가 요소를 통과해야 하며 인건비와 사업비 등 정부로부 터 지원금을 받는 경우에는 엄격한 기준에 의한 관리 감독을 받아야 합니다.

Q **청년 창업가**: 국내외 유명 사회적기업들은 어떤 기업들이 있을 까요?

A **박상규 목사**: 국내는 사회적기업 1호 다솜이재단을 비롯한 노리 단, 매자닌 아이팩, 컴트리 등이 있으며 최근에는 스마트시티 도시 재생 사업으로 두각을 나타내는 두꺼비하우징이 주목을 받고 있습니다. 해외에는 사회적기업가 정신의 아버지라 불리 는 빌 드레이튼의 아쇼카재단의 펠로우 기업들, 노벨상을 받 은 무하마드 유누스의 그라민은행 계열 사회적기업, 그리고 스페인의 몬드라곤 등이 유명합니다. 그리고 SK, 포스코 등 대 기업 집단이 일부 영역에서 사회적 경제 영역으로 참여하고 있었는데 최근 공유경제 개념의 확산에 따라 단순한 CSR/CSV

영역을 넘어 점차 확대되고 있는 추세입니다.

Q   **청년 창업가**: 혹 관련 추천 도서가 있을까요?

A   **박상규 목사**: 《달라지는 세계》_{데이비드 본스타인 지음. 지식공작소 간} , 《기독
교사회적기업》_{박상규 등 공동 지음. 동연} 을 추천해봅니다.

소셜임팩트에 관하여 궁금한 이야기
-오범석 이사장

2006.07-현재 (사)나눔과미래 활동가/ 기관목사2014.3-현재)
2012.04-현재 (주)살기좋은마을 대표
2019.02-현재 (주)두꺼비하우징 상임이사
2019.08-현재 사회복지법인 송죽원 이사장

- 사회복지사로 노숙인 사회복지 현장에서 17년 활동하였고, 나눔과미래
  에서 공동 설립과 주거 복지 활동을 수행했으며 보육원 이사장으로 봉사
  중임.
- 마을택배를 창업하여 CJ실버택배를 설계하였고, 현재도 일자리 창출 분
  야에서 프로젝트메니저 활동
- 사회적부동산개발사업에서 시행사업을 하고 있고 도시재생뉴딜사업 분
  야에서 금천구 금하마을 총괄코디네이터로 활동하고 있음.

Q **청년 창업가:** 소셜임팩트 Social Impact 는 무슨 뜻이며 우리 삶에 어
   떤 영향을 미칠 수 있나요?

A **오범석 이사장:** 'Social Impact'는 사회적 파급력 또는 사회적 영
   향력을 말하는 용어로써 우리가 살아가는 생태 환경과 밀접한
   관계가 있는 기술, 산업, 기업, 환경과 관련된 경제 분야와 문
   화, 사회, 정치, 종교 등 인간 문명을 포괄하는 모든 사회 구성

원들이 함께 공동체를 이루어 살아가고자 하는 '상생 사회'를 구현하고자 할 때에 사회 구성원 모두가 함께 누릴reciprocity 수 있는 '재분배 시스템'이다.

소득 재분배는 국가 정책으로 추진되어야 하는 제도적 부문이기는 하지만, 경제 분야에서 소득 재분배를 이루는 방식은 기업의 경제활동 가운데서 실현될 수 있으며 다양한 형태의 기업활동으로 생태계를 변화시킬 수 있는 가능성도 가지고 있다.

시장경제는 크게 두 가지로 구분되는데 하나는 거시경제학적 원리이고, 다른 하나는 미시경제학적 원리이다. 기업활동은 경제 흐름에 민감하기 때문에 경제 구조를 이해하고 생태계에서 지속 가능한 사업을 유지하기 위해서는 미시경제를 이해해야 하고, 통화 정책과 인플레이션, 금리 변동, 경기 과열과 경기 위축의 위기 속에서 기업의 생존을 고민하고 전략을 수립하기 위해서는 거시경제를 모르면 대응할 수 없다.

사회적 경제에서 화폐 통화 정책과 중앙은행의 금리 정책, 그에 따른 유동성 자금에 따른 투자 업종과 기피 업종의 주식시장의 흐름을 모두 이해할 필요는 없지만, 지금 영위하고 있는 기업활동의 위기를 예상하고, 그러면서도 대안적 경제 생태계를 개선하고 창출하기 위해 금융업과 화폐 시장 및 금리 등이 사업에 미치는 영향을 등한시할 수도 없는 것이 현실적 고민이다. 따라서 이와 같은 일련의 경제 환경 속에서 사회를

04. 사회 전문가에게 묻는 궁금한 이야기

'상생 사회'로 변화시키기 위해서는 현재 구조화되어 있는 경제 분야의 기업활동 가운데서 변화를 통해 새로운 패러다임의 경제 개념을 확립할 필요가 있다. 이것이 '누림의 경제' Noorim Economic. Reciprocity Economy 이다.

Q   **청년 창업가:** '누림의 경제'를 조금 더 상세하게 말씀해 주세요.

A   **오범석 이사장:** 변화를 다른 말로 말하면 '혁신' Innovation 이라고 말할 수 있는데, 어떤 현상이나 사례를 혁신한다고 하는 것은 단순히 체질 개선을 말하거나 물건의 성능을 향상시키는 것을 뜻하지 않는다. '혁신'은 완전히 다른 것을 말하는데, 예를 들어 달리는 기차는 마차와 같지 않다. 하지만, 마차와 기차는 모두 똑같이 운송수단으로 만들어졌다. 경제학자 조지프 슘페터 Joseph Alois Schumpeter. 1883 - 1951 는 "마차는 아무리 길어도 기차가 될 수 없다."라는 말로 사람들이 말하는 '혁신'이라는 개념을 쉽게 설명하였다. 즉 구시대적인 틀을 계속 유지하면서 새로운 변화를 시도할 수는 없다는 말이다. 다른 말로 하면 "혁신은 창조적 파괴 creative destruction 이다."

'누림의 경제'는 '창조적 파괴'와 같은 의미로써 사회 구성원들의 인식의 변화를 기초로 시장경제와 자본주의 사회에서 발생하는 다양한 사회적 문제에 대해 새로운 대안을 제시하는 개념을 말한다. 우리가 살고 있는 사회는 민주주의 사회이며 시장경제와 자본주의 형태의 경제 구조를 수용하는 환경에서 살고 있다. 그러나 자본주의의 탐욕적 이윤 추구로 인하여 발생된 기회의 불평등, 분배의 불평등, 소득의 불평등과 같은 자본주의의 폐해를 경험하고 있으며 또렷한 대안적인 해법을 찾지 못하고 있다.

'누림의 경제'란 생태계 구성원들의 가치를 증폭시켜 구성원 전체가 혜택을 고루 누릴 수 있는 긍정적 positive 사회적 문제 해결 방안으로 경제적 모델을 목표로 하는 동반 성장 경제를 말한다. 보충해서 말하면, '누림의 경제'는 공유경제의 구조적 약점을 보완하고, 철학을 완성하기 위한 대안으로 제시된다. 사회 통합 목적 Social Impact 을 달성을 위해 노력한 이들이 창출한 이익을 형평성 있게 배분함으로써 혜택을 공유, 즉 함께 누리자는 경제철학이다.

따라서 누림의 경제를 이루기 위해서 지금은 금융은 적합한 소득 모델이 아니다. 수익과 효율을 중시하는 금융 시스템으로는 적합할 수 없는 모델이다. '누림의 경제'는 소득의 취득 과정에서부터 투명성과 사회 통합을 중요시하게 되며, 자산의 분배 과정에서 형평성에 초점이 맞춰 있는 경제철학이다. 결국, 금융을 대체하려는 노골적인 움직임이 2008년 금융위기 발발과 동시에 일어나게 된다. 바로 비트코인의 탄생이다. '누림'은 '나눔'과는 다른 철학이다. 누림은 설계부터 주는 이, 받는 이 참여자 모두에게 혜택이 돌아간다. 호혜 Reciprocity. 互惠 의 원칙이다. 누구를 특정해서 돕는 것이 아니다. 시스템 내의 모든 공동체 구성원이 혜택을 받을 수 있는 기회를 준다. '나눔'

과는 달리 참여하는 이도 수혜의 대상이 된다. 상부상조, 두레, 품앗이를 보라. 우리 조상들이 수행한 공유 시스템은 누림의 실천이었다. 일방적인 구제보다는 서로의 노동력을 교환하고, 서로를 돕고, 도움받는 모델이었다. 누림의 경제는 이와 같은 상생 생태계 조성이 철학적 표본이다. 돈 벌고 나서 돕는 것이 아니다. 함께 참여하고 같이 누리자는 얘기다. 그 혜택은 참여자와 더불어 사회 구성원 전체가 혜택을 누릴 수 있다. 《크립토경제의 미래》 박항준. 2019라는 책을 참조하면 좋을 것이다.

Q **청년 창업가**: 누림의 경제로 '소셜임팩트'의 대표적인 사례는 있나요?

A **오범석 이사장**: 2019년 1월 22~25일에 스위스 다보스에서 개최되었던 제49회 다보스 포럼의 주제는 '세계화 4.0: 4차 산업혁명 시대의 글로벌 구조 형성Globalization 4.0: Shaping a Global Architecture in the Age of Fourth Industrial Revolution'이었다. 총 4개의 회의session 주제는 session 1. '국제 리더십&글로벌 거버넌스'로 세계화globalization와 세계 통합주의globalism의 혼용과 지역, 국가 간 갈등 완화이었고, session 2. 지속적인 경제 발전으로 4차 산업혁명이 반영된 새로운 경제 발전 방안이었다. session 3. 공정 경제 & 친환경 경제 발전으로 소득 격차를 줄이고 환경을 생각하며 경제 발전을 이룩할 수 있는 모델이었고, session 4. 4차 산업혁명으로 전례 없는 속도와 규모로 신기술 등장 및 다가

오는 미래 준비가 있었다.

이 다보스 포럼에서 논의되었던 주제들의 공통적인 요소로 정리해 보면, 신기술과 공정 경제와 신모델이다. 아울러 기술 혁명으로 노동의 대체 및 보완이 논의되었고, 일자리 소멸과 새로운 직업군 탄생 등으로 노동시장의 변화가 불가피함이 논의되었다. 〈2018년 미래의 직업The Future of Jobs Report 2018 보고서〉에 따르면, 2022년까지 인력 수요가 늘어나는 직업군은 데이터 분석가, 과학자, 소프트웨어 및 애플리케이션 개발자들, 전자상거래 및 소셜 미디어 전문가 등의 기술 전문직으로 예상된다고 예상하였다. 또한, 가장 인기 있는 신직업 1위는 프로젝트 매니저가 선정되기도 했다.

다보스 포럼은 '14개의 시스템의 새로운 계획initiative'으로 다음과 같이 '세계화 4.0'의 토대를 마련할 것으로 예상하였다.

04. 사회 전문가에게 묻는 궁금한 이야기

[다보스 포럼의 대안]

10대 부문 주제	1. 경제 협력 2. 기술 정책 3. 사이버 보안 4. 금융 및 통화 정책 5. 경제 정책 결정 6. 리스크 회복력 7. 인적 자본 8. 새로운 사회 9. 산업 시스템 10. 제도 개혁
14개 시스템 이니셔티브	1. 소비의 미래 2. 디지털 경제 및 사회 미래 3. 경제 발전의 미래 4. 교육, 성 역할, 직장의 미래 5. 에너지의 미래 6. 환경 및 천연자원 안보의 미래 7. 식량 시스템의 미래 8. 금융 시스템의 미래 9. 국제 무역과 투자의 미래 10. 건강과 의료의 미래 11. 장기적 투자, 인프라 및 개발의 미래 12. 정보와 엔터테인먼트의 미래 13. 모빌리티의 미래 14. 제조와 생산의 미래

다보스 포럼에서 의제로 채택되고, 대안으로 제시되었던 내용을 살펴보면 노동의 변화 예측과 기후, 환경, 기술의 변화로 인하여 발생하는 급속한 경제 환경의 미래를 준비하자는 국가별 거버넌스 구축으로 글로벌 리스크 관리를 이슈로 논의했음을 알 수 있다.

세계적인 경제학자들과 각국의 리더들이 제시한 14개의 이니셔티브를 보면, 각 주제별로 모두 혁신을 해야만 되는 과제들이 산적해 있음을 알 수 있다. 예를 들어 자본주의의 꽃이라고 할 수 있는 통화 정책과 금융에서 최근에 금융 생태계에서 개인투자자 그룹이 투자하는 상품인 '크라우드펀딩'crowdfunding 만 보아도, 아직 소셜임팩트적인 요소를 찾을 수 없고, 무늬만 대안적 금융이고 실체적 진실은 약탈적 자본과 별로 다르지 않음을 볼 수 있다.

청년 창업가가 스타트업 회사를 설립하여 창업을 하고, 투자금을 유치한다고 가정해 보자. 창업가는 제1금융권에서 융자를 얻는 방법이 가장 좋지만, 창업가의 신용도에 따라 대부분 제2금융권에서 융자를 하는 경우가 많다. 아니면 기술력을 가지고 벤처캐피털VC 의 투자를 유치하고자 노력을 하거나 사모펀드PEF 에서 융·투자를 요청할 수 있을 것이다.

아니면 필요한 자금 규모가 작은 경우에는 금융협동조합이나 클라우드펀드를 이용하게 되는데, 이때에 크라우드펀딩은 얼마전 법이 개정되어 1인 투자자 최대 500만 원까지 가능해졌고, 총 투자액도 7억 원에서 15억 원으로 상향되었다. 그런데 금리가 보통 10~13%를 요구한다. 사전적 의미로서 크라우드 펀딩은 소셜 네트워크 서비스를 이용해 소규모 후원을 받거나 투자 등의 목적으로 인터넷과 같은 플랫폼을 통해 다수의 개인들로부터 자금을 모으는 행위로서 '소셜 펀딩'이다. 금융에서 새롭게 등장한 소셜임팩트 펀딩으로서 크라우드펀딩이 있다고 말하지만, 현실은 기존 금융시장에서 통용되는 다른 펀드들보다 차별성 있는 금융으로는 사회적 문제를 극복할 수 있는 대안적 금융으로는 턱없이 부족한 금리이다.

만약 어떤 기업에 자금 융·투자를 하는 금융 상품이 소셜임팩트가 되려면 최소한 연 금리가 5% 미만으로 제시되어야 하고, 리스크 방지를 위해 담보 설정을 할 경우에도 제2의 설정권을 수락할 수 있는 정도가 될 때에 금융상품으로서 소셜임팩트 금융이라고 이름 붙일 수 있을 것 같다. 현재 부동산 사업에서는 이런 금융이 있는데, '주택도시보증공사' HUG가 있고, 사회적 경제 영역에서는 '(재) 사회가치연대기금' 등이 있다.

이 금융기관들의 공통점은 융·투자 자금의 연 금리가 연 1~2% 이하라는 점이다. 이런 소셜임팩트가 각 분야에서 실현 가능하기 위해서는 현존하는 시스템에 대한 문제점을 정확하게 파악하고, 그 문제에 대해 대안을 제시할 수 있는 전문성을 통하여 기획하고 설계하여 적용할 수 있는 모델을 만들기 위한 분명한 철학적 의식이 있어야 한다.

자기반성 없이 혁신은 불가능하고, 문제점 인지 없이 대안을 찾기 위한 노력은 있을 수 없기 때문이다. 앞으로의 경제 생태계는 '사회적 경제기업'에서 사용하는 'SVMS Scial Value Measurement Standards 사회적 가치 평가지표'에 준용할 수 있는 'KPI Key Performance Indicator 핵심 성과 지표'를 사용해야 할 것이다. 이것이 글로벌 경제 포럼인 다보스 포럼에서 말하는 '포괄적이고 지속 가능한 경제 발전'의 '사회 통합 목적 Social Impact'이다.

Q **청년 창업가**: 비영리 임의단체가 뭔가요?

A **오범석 이사장**: 법률적으로는 단체원 전부의 의사로 설립하여, 국가가 그 설립을 인가한 공동 단체라는 말로 작게는 친목 모임부터 크게는 사회운동 단체들이 있다. 정관 등이 필요하면 행정사에게 의뢰할 수도 있고, 구청에서 직접 신청도 무관한데 중요한 것은 임의단체 활동이다.

임의단체 활동은 창업자의 리더십 배양, 창업 아이템의 검증, 인적 네트워크 확대, 행사 수행 경험을 통한 사업 경험을 습득할 수 있다. 예를 들어 박주한 대표의 덩키기프트 아이템의 경우 가칭 '기프트 문화 바르게 하기 운동본부'를 만들 수 있다. 이 운동본부를 만들기 위해 우선 공동의 관심사를 갖고 있는 이들을 모아 추진위원회를 구성하고, 정관을 만들고, 활동 영역과 활동 계획을 만들어 수행하다 비영리 임의단체 신고를 하면 된다.

Q   **청년 창업가**: 비영리 임의단체는 주로 어떤 활동을 하게 되나요?

A   **오범석 이사장**: 주로 월 1회 포럼을 통해 선물 문화에 대한 토론회, 문제 제시, 대안 제시, 사례 발표, 훌륭한 선물 신제품 발굴 등의 활동을 하게 된다. 웹사이트나 카페, 공동의 블로그 등을 만들 수도 있고, 페이스북의 페이지를 개설하여 같은 생각을 하는 사람들을 모을 수도 있다. 우수 제품 추천도 할 수 있다. 홍보 책자나 브로슈어를 만들고, 유튜브에 채널을 만들어 바른 선물 문화 정책 캠페인 영상을 지속적으로 재미있게 찍어서 올릴 수도 있다. SNS상에서나 오프라인상에서 다양한 활동을 할 수 있는 것이다.

이 운동본부 경험은 향후 창업기업 운영에 아주 큰 경험이 될 수 있다. 자신의 리더십이나 장점이 무엇인지 발굴할 수 있는 기회가 되고, 창업 아이템이 시장에서 가능성이 있는지를 비춰볼 수 있기도 하다. 관심 있는 사람을 모을 수 있고, 새로운 사람을 만나게 되니 전문 분야 인맥도 늘어나게 된다. 또한, 연구나 조사, 다양한 행사를 통해 책자, 보고서, 기사 등의 결과물을 지속적으로 만들어 내게 된다.

특히 처음엔 마음이 맞는 친구들끼리 사회봉사 차원에서 해도 되는데 액셀러에이터 경험상 예비 창업 때 가장 먼저 해야 할 일 하나를 고른다면 단연코 '비영리 임의단체' 활동이라 추천할 수 있겠다.

임의단체는 구성 목적과 활동 형태에 따라 협회, 협의회, 위원회, 연대, 본부 등이 가능한데 반려동물 관련 임의단체로 '사당동 동물사랑협회', '반려동물 훈련협의회', '1인 가정 동물사랑연대', '유기동물 사료 주기 운동 본부' 등의 명확한 목표와 활동을 정할 수 있다.

■▪ NGO 비영리 임의단체

■ 설립 신고서류
- 관할세무서 - 고유번호증 발급
- 법인으로 보는 단체의 대표자 등의 선임(변경) 신고서
- 대표자 및 관리인임을 확인할 수 있는 서류
- 정관 또는 조직과 운영에 대한 사항
- 회원 명단
- 임대차계약서(사업장을 임대한 경우)
- 단체명의 직인 및 대표자 신분증

■ 단체 명의 통장 개설 시 필요 서류
- 고유번호증 원본
- 단체 명의 직인
- 대표자 신분증

■ 목적 및 기대 효과
- 활동을 통한 사회의식 함양
- 창업 및 창직 경험 구축
- 리더십 및 협동정신 경험
- 자기주도적 창직 기반 마련
- 시장 경험 및 BM 도출(창업 촉진)

04. 사회 전문가에게 묻는 궁금한 이야기

■ 절차
• 5인 이상 재학생의 설립 사업계획
• 정관 작성
• 관할 세무서에 임의단체 신고
• 활동 보고서 제출

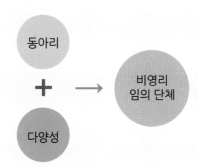

[최근 대학의 동아리나 사회에서의 소모임/동호회/포럼/동문회 등은 비영리 임의단체로 신청하여 활동하는 경우가 많다. 회비 등이 계산서 발행이 가능해서도 있지만 위계질서가 있는 기존 동아리보다는 개인의 다양성을 존중하는 사회 특성이 반영된 임의단체가 확대되고 있는 실정이다. 자신이 관심 있고 경험하고 싶어 하는 분야의 비영리 임의단체를 마음 맞는 이들과 만들어 제대로 운영하면서 조직 운영에 대한 경험도 축적하고, 정기적인 오프라인 모임과 학습과 교육 그리고 실천 경험은 창업에 매우 중요한 자산이 될 수 있고, 향후 시민단체나 정치 활동, 기업 경영에 매우 중요한 밑거름이 될 수 있어 적극 추천한다.]

[비영리 임의단체 명칭 유형]

협회
포럼
연대
단체
NGO
위원회
협의회
모임
연맹
연합회

■ 임의단체 가상 사례

• 회사원 A는 20대 친구들과 한 달에 두 번 1만 원 파티를 연다. 주제는 20대가 관심 있을 만한 최근 이슈를 골라 서로 생각을 나누고 샌드위치로 저녁을 먹는 시간이다. 가끔은 책이나 영화를 같이 보고 토론하기도 한다. 만나는 장소는 매번 다르다. 성수동 호프집이나 한강 둔치 심지어는 편의점 앞에서 모여 치맥 토론을 하기도 한다. 한 번 참석한 참석자들이 같은 생각을 가진 친구들을 모으기 시작해서 100여 명의 회원들이 모일 때는 보통 15명 내외가 모인다고 한다. 회비 모으고 관리하는데 계모임처럼 임의단체 신청을 통해 '젊은 베르베르의 기쁨'의 약자인 '젊베기모임'으로 신청했다.

• 창업자 B는 모의 총포에 관심이 많다. 기회만 되면 총과 군복 등 군 장비를 모으는데 전시 행사에서 만난 3명의 마니아와 관련 모임을 한 달에 한 번 개최하다 결국 임의단체를 결성하게 되었다. 나중에 모의 총기 관련 협회를 만들어서 법 개정에도 앞장서고, 전시회나 공동 구매, 해외 직구, 정보 공유, 개인 간 거래, 제품 경매, 제작자들과의 연계, 해외관광, 포럼 개최, 관련 온라인 잡지 개설 활동 등 모의 총기 관련 문화를 확산할 계획

으로 '건뮤제움웍스문화협회'라는 임의단체를 신청하고, 향후 사단법인으로 확대할 예정이다.

- 학생 C는 대학 근처에서 자취를 하다 유기묘들이 구박을 당하거나 음식물 쓰레기를 뒤지다 주위를 지저분하게 만들어 주민들이 불편해하는 모습을 자주 봐왔다. 고양이에 관심 있는 몇몇 친구들이 모여 순번제로 사료를 제공하고, 불임약을 먹이는 등 유기묘를 지원하는 친목 모임을 만들었다. 주민들에게 쥐를 쫓거나 기타 고양이가 인간 생활과 상생할 수 있는 여러 방안을 홍보하기도 한다. 모임을 하면 할수록 사료나 고양이의 행동에 대해 공부를 하게 되고, 불임약을 먹이는 것에 대한 찬반 토론, 동네 주민들에 대한 설득과 음식물쓰레기를 파헤치는 것에 대한 대안 마련 등에 대한 다양한 교육과 활동을 하게 되자 아예 임의단체를 구성해 모금도 받게 되었다. 이 단체 구성원들은 졸업 후 고양이 카페를 공동 창업하여 사료 사업, 고양이 장난감 개발, 카페 프랜차이즈, 고양이 행동 교정 매뉴얼 등을 만들어 전국적으로 확대할 예정이다.

- 충남 대학생 연합 창직연구회
- 당진 동물사랑연대
- 세한대 가짜뉴스 퇴출위원회
- 블록체인 대학생연합
- 전국 애견카페 연합회
- 온라인 쇼핑몰 피해자협의회
- 대한청년 권리찾기 운동본부
- 청년 디자인역량강화 포럼
- 한국비혼자연합회
- 부동산경매스터디
- 경인지역 공동구매연합
- 경기 다문화가정 야학지원협의회
- 제주 난민지원 청년단

직원 중심 경영에 관하여 궁금한 이야기
-정은아 원장

- 경희대학교 한의과대학(학사, 석사, 박사)
- 경기대학교 서비스경영전문대학원 경영학 박사(中)
- 우아성한의원 대표원장
- 행복한 성조숙증 연구소 소장
- (주)꿈꾸는 천사들 대표이사
- 경희대학교 한의과대학 외래교수
- 개인투자조합관리사 2급

- 사춘기 두 딸의 엄마, 한방부인과전문의, 한의학박사, 경영대학원박사과 정, 우아성한의원 대표원장, EBS 육아학교 강사, 한국교육개발평가원 강 사, (주)꿈꾸는천사들 대표이사

- 본업인 한의사로서 성장, 성조숙증, 소아 비만을 주로 치료하는 우아성한 의원을 운영하고 있다. 한의원 내에서 고객들에게는 천사 같은 아이들을 우아하게 키워주는 '대왕천사'라는 별명을 갖고 있다. 또한, 진료의 연장 으로 더 많은 아이와 부모님을 위한 건강 강의를 매월 1~2회 이상 하면 서 대한민국 아이들의 건강을 위해 봉사한다.

- 병의원은 전문 영역과 서비스 영역의 조화가 필요한 특수한 기업 형태임 을 깨닫고 병원 경영에 남다른 관심을 두고 공부하고, 최고의 의료 서비 스에 대해 고민한 결과를 실천해서 2018년 모범 납세자상 서울특별시장 상을 받았고, MOU를 맺은 경영대학원에 진학할 경우 직원들의 교육비 를 지원한다.

- 건강 분야에서의 웰빙을 위한 긍정적 사업 전망을 갖고 의료 전문인만이 할 수 있거나 더 잘할 수 있는 사업들을 펼쳐나가기 위해 노력하고 있다.

Q   **청년 창업가**: 직원 중심 경영이 어떤 개념인가요?

A   **정은아 원장**: 직원이 경영의 중심에 서게 하는 신개념 솔루션입니다. 일반적인 조직에서 경영의 중심은 CEO를 비롯한 임원진과 중간관리자급까지가 경영진의 경계일 텐데 저는 이 경영진 개념을 현장에서 실전적으로 일하는 분들을 포함해야 한다고 주창한 것입니다.

일을 하는 사람들이 경영의 중심권에 들어가지 못한다면 경영진과 실전 경영과는 괴리가 생기고, 이해도가 매우 떨어져 효율과 능률 면에서나 성과적인 측면에서 손실이 크게 발생하는 것입니다.

이를 해결하고 메우기 위해 중간관리자며 사이사이 관리자를 두게 되니 조직이 성과 있는 일보단 관리 중심으로 돌아가는 기현상이 생깁니다. 이를 해결하기 위해 직원들이 경영의 중심에 서서 경영자가 되는 경영 조직 시스템이라고 보시면 됩니다.

Q   **청년 창업가**: 직원들에게 주인의식을 갖게 하는 방법이란 말씀이신가요?

A   **정은아 원장**: 주인의식 아닙니다. 경영자 신분입니다. 주인의식은 노예의식의 반대어입니다. 뒤집어 말하자면 주인이 아니지만 주인인 것처럼 행세를 하라는 말이 됩니다. 주인의식은 조선 시대 신분 시대에 나온 말입니다.

현대에 와서도 같은 개념으로 '넌 머슴이야'라고 전제해 놓고 주인의식을 가지라고 한다면 신분이 다른데 어찌 주인처럼 행동할 수 있을까요?

그러나 경영자는 다릅니다. 실제적으로 경영을 담당하는 사람들이고 능력을 발휘해 그만큼의 성과도 내는 사람들이니 그들에게 경영자란 신분을 정당하게 줄 수 있는 것이지요. 그래서 주인의식이 아니라 경영자 의식을 줘야 한다는 것입니다. 머슴에게 주인의식은 거짓 행위지만, 경영자에게 경영자 의식을 부여하는 것은 정당한 신분이 되는 것입니다.

Q   **청년 창업가**: 경영자 의식을 주는 방법은 무엇인가요?

A   **정은아 원장**: 우선 신분 의식입니다. 직원들은 나는 직원이란 신분을 가집니다. 그러니까 '직원 정도만 하면 되는 거야. 더 알려고 하면 다쳐' 하고 신분에 걸맞는 한계선을 스스로 짓고 숨어 버립니다. 그 신분의 한계에 능력과 책임은 물론 무한한 도전정신까지 묻어 버리는 것이지요.

직원들의 역량을 100%, 200% 끄집어내야 한다면서 그렇게 신분의 한계를 지어버리면 기업의 엄청난 자산을 창고에 박아 두는 꼴이 되는 것이지요. 신분을 경영자로 두고 나는 경영자란 인식과 개념을 철학적으로 세워 주면 경영자 신분이 신념이 되고 그 신념에 맞는 능력을 끄집어내어 발휘하게 됩니다. 실제로 경영자들은 직급이나 호봉과 상관없이 나의 신분 의식이 무엇이냐에 따라 능력치가 엄청나게 달라진다는 것을 현장에서 수없이 확인하고 실증적으로 체험했습니다.

매일 자신의 신분을 외치고 경영자답게 경영 전반에 대한 토론을 벌이게 합니다. 자신이 한 일과 해야 할 일에 대한 브리핑을 직접하게 함으로써 자신의 영향력과 해야 할 업무에 대한 인식을 명확하게 하는 것이지요.

업무를 마치면 나의 계획과 계획에 따른 수행 성과를 점검하게 합니다. 본인 스스로가 계획하고 전략을 수립하며 처리한 업무의 성과까지 확인하고 발표하니 직원들은 당연히 경영자 모드로 의식과 행동은 물론 자세와 태도까지 전환되게 되는 것이지요.

Q **청년 창업가**: 임원과 직원의 차이가 없는 것 같은데 차이점은 무엇인가요?

A **정은아 원장**: 차이를 만드는 것이 경영은 아닙니다. 오히려 차이를 좁히고 수평적으로 경영에 동참하게 만드는 것이 경영의 목적이지요. 직원들은 임원 정도의 경영자 의식과 업무 수행 능력을 갖게 하고, 임원들은 현장 직원들과 같은 마인드로 결정권을 행사하게 만드는 전략이니 차이점을 줄이는 것이 직원 중심경영의 목적이라 할 수 있습니다. 굳이 차이점이라 한다면 사무실과 책상의 위치가 다른 점이라 할 수 있습니다.

좀 더 설명을 붙이자면, 아래의 그림과 같이 조직의 형태를 가져가면 다같은 경영자란 인식이 기업의 경영철학으로 정확하게 박히게 될 것입니다.

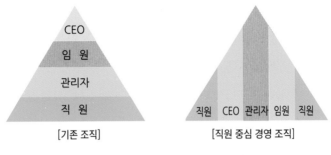

[기존 조직]　　　　　[직원 중심 경영 조직]

[직원 중심 경영의 조직구성도]

그림과 같이 조직의 체계를 짠다면 누구라도 능력으로 성공할
수 있다는 확신을 얻게 될 것입니다. 임원은 윗사람이고 직원
은 아랫사람이란 인식의 구습을 벗고 다 같이 기업의 경영자
며 동업자란 인식이 세워지게 만들어 가는 것이 차이점을 좁
히는 방법입니다.

Q　**청년 창업가**: 경영자들이 갖춰야 할 덕목이 있을까요?

A　**정은아 원장**: 자신을 사랑하라는 것입니다. 회사를 위해 희생하
지 말고 자기를 위해 투자하라는 것입니다. 회사에 충성해서
그 덕을 보려고 하지 말고, 자신의 꿈과 목표를 위해 투자해서
당당하게 능력으로 능력의 대가를 받으라는 것입니다. 회사
일 열심히 하면 알아주겠지 하는 마음이 아니라, 내 능력으로
성과를 내서 그 성과에 대한 보상을 받아 내겠다는 의식의 전
환이 최고의 덕목이라고 생각합니다.
이유는 누구도 회사를 위해 사는 사람은 없습니다. 자기가 지

켜야 할 소중한 가치와 가족을 지키기 위해 일하는 것입니다. 남을 지키기 위함이 아니라 내 가족이 우선이 돼야 하는데, 그것을 감추고 아닌 척하면서 일한다면 내가 무엇을 위해 일하는지 정체성이 희미해지고 의미를 찾기도 어려워지기 때문에 먼저 내가 무엇 때문에 일하는가 하는 이유를 머리에 이고 일하라는 뜻에서 자신을 사랑하라는 덕목을 강조합니다.

Q **청년 창업가**: 노무관리가 힘들다고 하던데 노무관리에 도움이 될까요?

A **정은아 원장**: 직원을 관리의 대상으로 보지 않고 동업자 겸 공동 운명체라고 보기 때문에 관리 체계가 약해집니다. 약해지면 관리가 힘든 것이 아니냐 할 수 있는데, 이런 의식을 가지고 일하는 사람들은 스스로 관리를 주체적으로 해나가기 때문에 관리가 약해도 관리의 성과는 높아질 수밖에 없습니다. 감시하고 평점을 매기면서 하는 관리는 주체적인 관리가 안 될 때 타의적으로 관리를 강압하는 형태인 것입니다.
그러나 본인이 자신의 관리 주체가 된다면 밀도 있는 관리가 이뤄질 수도 있을 뿐만 아니라 간섭할 필요가 줄어들어 효과적인 노무관리를 할 수 있는 것입니다.

Q **청년 창업가**: 복리후생을 얼마나 해줘야 하나요?

A **정은아 원장**: 복리후생은 기업이 종업원과 그 가족의 생활 수준을 향상시켜 근무의 효율성을 높이고자 임금 이외에 마련하는

여러 복지 정책을 말하지요. 직원들이 좋아하는 회사, 일하기 좋은 기업을 만들기 위해 다양한 복리후생 프로그램과 지원 정책을 펼치고 있는데 이런 복리후생은 많으면 많을수록 좋다고 생각합니다. 직원들이 즐거워야 일의 성과가 높아진다는 것은 배우지 않아도 아는 경영 전설이지요.

그렇다면 직원들을 일하고 싶게끔 만들어 줄 수 있는 정책이란 것은 우선적으로 복리후생을 떠올릴 수밖에 없는 것이지요. 회사가 주는 복지로 가족을 지키고 생업을 이어가기 때문에 너무나 당연한 우선 정책입니다. 그런데 혜택만으론 부족하다고 생각합니다. 혜택만이 아니라 직원들이 미래를 준비할 수 있는 의식 훈련, 학력 수준, 리더십 훈련 등을 복리후생에 포함시켜 그런 지도자가 되는 것이 가장 위대한 복리후생이란 것을 알게 해줘야 합니다.

《탈무드》의 말처럼 고기를 잡아주는 것이 아니라 잡는 법을 가르치는 것이지요. 회사는 직원들에게 제공해 주는 것으로 큰일을 했다고 생각하는 데 그쳐서는 안 된다는 것이지요.

복리가 생활에 도움은 될지 모르지만, 미래를 스스로 개척할 능력을 함양하는 계발엔 독이 될 수도 있다는 것을 간과해서는 안 된다는 말을 해주고 싶습니다. 자격을 만들어 주고, 자격에 부합되는 복리를 제공하게 되면 둘 다 가꾸는 농업이 될 수 있습니다.

Q   **청년 창업가**: 청년 창업가들에게 해주고 싶은 말이 있으신가요?

A   **정은아 원장**: 창업을 준비하는 사람은 기술이나 아이템을 갖추기 전에 사람을 이끄는 힘을 먼저 배우라는 것입니다. 창업자들이 속는 것이 아이템만 있으면 성공한다는 오류에 속아 실패하는 것입니다.

사업은 사람입니다. 사람을 이끌어 움직이는 능력이 사업의 능력입니다. 그것을 경영 능력이라고 말할 수 있는데, 그런 경영 능력을 훈련도 안 하고 좋은 기회라면서 준비도 되지 않은 상태에서 창업을 하다 보니 성공률이 5% 미만이란 말이 나오는 겁니다.

그러나 사람을 움직일 줄 아는 힘을 갖춘 사람의 실패율은 5%가 될 것입니다. 사업하는 사람들이 항상 하는 말이 사람 다루는 것이 가장 힘들다고 토로합니다. 직원들이 내 맘 같지 않아 힘들어 죽겠다는 것입니다.

너무나 당연한 말입니다. 내가 아닌데 어찌 내 맘 같겠습니까? 당연히 다른 것을 알고 시작한 것이 아니라면 그 사람은 창업 준비를 전혀 하지 않고 어설프게 창업한 것이라고 자인하는 꼴이지요.

기술의 변수보다 사람의 변수가 더 큽니다. 조석으로 변하고 움직이는 사람들의 변수를 예측해서 컨트롤할 수 있는 힘을 기르지 않았다면 창업을 해서는 안 됩니다. 서둘러 사람의 마음을 잡는 훈련 먼저 받으시기 바랍니다.

Q **청년 창업가**: 리더십에 기법이 있나요?

A **정은아 원장**: 리더십은 이끄는 것이라고 생각하는 경우가 많은데 저는 내 고민을 털어 놓는 것이라고 생각합니다. 리더가 자기 고민을 털어놓으면 어쩌란 말이냐 할 텐데요, 리더십은 같아지는 것이고, 같아지기 위해선 공유해야 되기 때문입니다. 무엇을 먼저 공유할 것이냐? 나를 먼저 공유해야 됩니다. 나의 고민이나 갈등 그리고 나의 목적과 비전을 털어놓고 공유해야 나를 이해하고 나랑 같아질 수 있는 것이지요. 그래야 상대도 공유할 수 있는 것이고 직원과 나는 같아지는 것입니다. 최고의 리더십은 '같아져라'입니다.

Q **청년 창업가**: 혹 관련 추천 도서가 있을까요?

A **정은아 원장**: 《커뮤니케이션 리더십》 테리 피어스,《카네기 리더십》 스튜어트레빈,《성과 향상을 위한 코칭리더십》 존휘트모어 을 추천합니다.

평화경제에 관한 궁금한 이야기
– 정태헌 회장, 우리경제협력기업협회

2018.09 - 현재 (주)우리경제교류협회 회장
2019.02 - 현재 (재)우리경제협력재단 이사장
2019.03 - 현재 (사)우리경제협력기업협회 회장
2019.09 - 현재 제19기 민주평화통일자문회의 상임위원(경제분과)
2019.10 - 현재 동국대학교 남북경협 최고위과정 전문교수

Q **청년 및 스타트업 기업가**: 통일이 가능할까요?

A **정태헌 회장**: 가능하지만 국민적인 화합과 사회문화 경제적인 발전이 선행되어야 한다.

남과 북의 통일은 상호 인정을 기본으로 추진이 가능하다. 현재 남과 북은 공동으로 UN에 가입한 공식적인 국가이다. 따라서 남과 북은 이에 걸맞게 헌법을 수정, 재개정해야 한다. 그런 다음 종전 선언을 하고, 평화 체제를 공표해서 국제사회의 인정과 함께 정상 국가로서 통일을 논의해야 한다.

시간이 걸리겠지만 경제적인 교류를 통해서 경제적인 부흥이 이루어지면서 사회·문화적인 공감대가 형성이 되면서 자연스럽게 민족 간의 동질성을 확보하게 되기 때문에, 양측 정부와

국민들의 요구에 의해서 통일에 대한 논의가 이루어지면, 우리가 원하는 통일은 그리 먼 얘기가 아니라고 생각된다.

정부는 통일에 대한 시차적인 문제를 해결하고, 정치적인 민감 사항인 통일 방법에 대해서 남북한 간 경제 통일을 통한 평화경제의 실현이라는 해법을 내놓았고, 구체적인 실행 방안이 '한반도 신경제 지도 구상 및 경제 통일 구현'이다.

즉 남북경협을 통해서 상호 공영을 위한 체제 안정과 협력을 위한 긴밀하고 발전적인 협력 방법을 제시함으로써, 향후 통일에 들어가는 막대한 재원의 점진적인 확보와 운영에 대한 기반을 조성하고자 하고 있다.

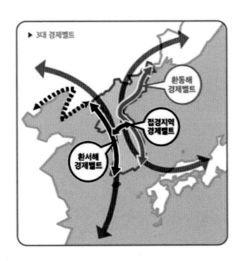

Q **청년 및 스타트업 기업가**: 통일이 되면 청년들 입장에서 얻는 것과 잃는 것이 있을 것 같은데요?

A **정태헌 회장**: 얻는 것이 훨씬 많게 된다.

통일이 되면 당장 변화되는 것이 인구 8,000만 명의 내수경제
의 활성화를 포함한 다양한 효과를 얻을 수 있다.

사업적인 측면에서 남과 북의 차이점은 산업에 적응하는 응용
력과 창의력일 것이다. 당연히 일자리는 넘쳐날 것이고, 우리
청년 사업가들의 창의적인 역량이 발휘될 수 있는 기회가 주
어지기 때문에 남측 청년 사업가들의 창의력과 응용력을 바탕
으로, 북측 청년 사업가들의 순수함이 연계되는 상생의 협력
과 발전이 활발하게 진행이 될 것이다.

2018년 전경련에서 개최한 '한반도 신경제 비전과 경제계의
역할'이라는 주제로 개최한 세미나에서 발표한 자료를 보면
남북 경제 통합이 성사된다면 향후 5년간 국내총생산GDP 성장
률이 연평균 0.81%씩 추가 상승하고, 13만 개가량의 일자리
가 새롭게 창출될 수 있다고 전망하고 있다.

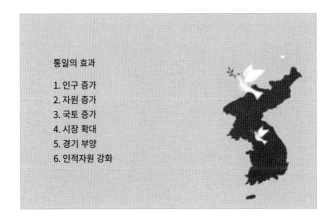

통일의 효과

1. 인구 증가
2. 자원 증가
3. 국토 증가
4. 시장 확대
5. 경기 부양
6. 인적자원 강화

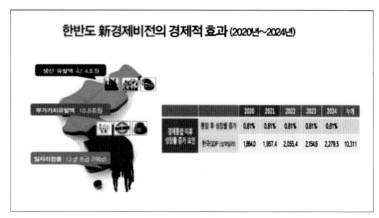

(출처: 전국경제인연합회)

Q   **청년 및 스타트업 기업가**: 대기업도 아니고 통일을 대비해 스타트업이 준비해야 할 것이 있나요?

A   **정태헌 회장**: 북한은 벤처 생태계를 조성할 수 있는 천혜의 입지를 갖추고 있다.

분단 기간 동안 자본주의 사회와 사회주의를 거친 남과 북의 청년들은 다음과 같은 특성을 가지고 있다.

남측의 청년들은 산업 사회의 경쟁에서 살아남기 위해서 창의력을 바탕으로 하는 응용력과 개발력을 기본적으로 갖추고 있다. 반면에 북측의 청년들은 계획 경제에 의한 영향으로 목표 달성에 필요한 생산력을 기본으로 협동력을 갖추고 있는 상태이다. 과학기술 역시 북측에서는 자력갱생과 군사 기술을 기본으로 하는 기초 연구가 발전되어 있는 반면에 남측은 응용

연구와 개발 연구가 발전되어 오늘날 세계 13위의 경제 강국으로 발전할 수 있었던 것이다.

아직 통일을 준비하는 단계에서의 청년 사업가, 즉 스타트업 기업들은 북한이라는 천혜의 벤처 생태계를 가장 적절이 활용할 수 있는 자격을 갖추고 있다고 할 수 있다.

우리나라 산업 구조 특성은 대기업 위주의 수출 위주 정책을 취하고 있기 때문에 새로운 기업이 기존 산업에 정착하기는 불가능한 구조이다. 아무리 좋은 기술과 제품이 개발되었어도 기존 시장에 침투하고 정착하는 것은 하늘의 별 따기다.

반면에 북한은 하얀 백지와 같은 산업 생태계를 갖추고 있기 때문에 전 분야에 대한 다양한 기술을 적용할 수 있다. 즉 1차 사업부터 4차 사업까지 북한의 경제 수준과 산업 수준에 적합한 기술과 산업을 적절하게 적용할 수 있기 때문에 특성에 맞는 기술을 제약 없이 적용함으로써 사업을 발전시킬 수 있다.

계획 중인 사업이지만 남과 북의 중소기업 및 벤처기업들이 자유롭게 교류를 할 수 있는 '남북 중소벤처교류협력센터' 사업을 추진하고 있다. 이 센터를 통해서 남과 북의 청년 사업가들이 서로의 지식과 창의력을 교환하고, 산업을 발전시킬 수 있는 생태계가 조성되기를 기대해 본다.

평양 남북 중소벤처교류협력센터 예정 건물 전경

출처: 사)우리경제협력기업협회

Q **청년 및 스타트업 기업가**: 지금부터 통일을 대비한 스타트업 기업
   으로서 역량이 필요한 것이 무엇일까요?

A **정태헌 회장**: 우선적으로 북한을 이해하고, 자기 전문 분야에
   대한 적용성과 확장성에 대해서 고민을 해야 할 것이다.

   스타트업 기업은 말 그대로 아무도 접하지 않는 새로운 기술
   과 분야의 개발에 도전하는 정신을 기본으로 사업을 추진하는
   것이라 생각한다. 기존 산업에서 아이디어를 얻고 미래 산업
   을 예측하고 이를 실현하는 것이 청년 사업가들의 벤처 정신
   일 것이다.

   앞서 말했듯이 남과 북이 경제적 통일을 이룩하면 크게 두 가

지의 산업이 활성화될 것인데, 내수산업 활성화로 내수 경제 진작과 안정화를 통해 북측의 국민생활이 윤택해지면서 점차 서비스 산업과 4차 산업으로의 진행이 빠르게 진행될 것이다.

우리 청년 기업들의 장점은 자유로운 기업 문화를 바탕으로 하는 창의적인 사고로 새로운 산업을 창출하는 능력이다. 이를 바탕으로 1차 산업부터 4차 산업까지 관련된 적정 분야에 대해서 단계별로 적용 방법을 찾아서 준비해 놓는다면 반드시 그 효과를 얻을 것이 분명한다.

그러기 위해서는 북한에서 필요로 하는 '적정 기술의 선택과 산업 적용'에 대해서 다양하게 검토하고, 진출할 수 있는 전략을 미리 수립해야 한다.

선배들이 청년 창업자에게
보내는 편지

·금동일
·이해붕
·정은아
·김종윤
·오범석
·박상규
·정태헌
·최미순
·박주한

미래의 대한민국을 짊어지고 갈 청년 창업가들에게

　내가 살아온 인생의 잣대로 사회에 막 진입하려는 청년창업가들에게 한 페이지 분량의 '전해 주고 싶은 이야기'가 얼마나 도움이 되는지는 미지수다. 하지만 30여 년 공직생활을 하면서 터득한 나름의 경험을 전해 주는 것도 나쁘지는 않다는 생각이 든다.

　첫째, 학창 시절을 보내고 사회 진출을 앞둔 청년이면 누구든 인생 목표를 설정할 때 '출세냐, 성공이냐'를 먼저 생각할 필요가 있다. 出世출세의 사전적인 의미는 '사회적으로 높은 지위에 오르거나 유명해지는 것'이다. 즉 권력과 명예를 가진 사람들이다. 成功성공의 사전적인 의미는 '목적하는 바를 이룸' 즉 자신이 해보고 싶거나 가치 있는 일이라고 생각되는 분야에서 스스로 설정한 목표를 달성하는 사람들이다. 따라서 '창업'은 '출세'의 관점이 아니라 바로 '성공'의 관점에서 시작해야 한다.

　둘째, 학창 시절 공부는 자신과의 싸움이기에 利己心이기심이 필요하지만, 사회에 진출하여 사업을 시작하게 되면 利他心이타심이 매우 중요하다. 왜냐하면, 사업을 성공시키기 위해서는 각계 이해 당사자들의 협조와 함께 나 스스로 상대방에 대한 배려가 없이는 절대로 불가능하기 때문이다. 실패하는 사람들의 '小貪大失 소탐대실'이라는 성어도 바로 여기에서 출발된다고 보면 된다.

셋째, 자만심을 버리고 '자신감'을 가져야 한다. 사업 세계에서 성공하는 자와 성공하지 못하는 자를 판별하는 재미있는 척도가 있다. 성공하지 못한 자는 자신의 아이디어와 기술이 최고인 줄 착각하고 실제와는 달리 200% 이상을 과장하는 사람이다. 자신이 최고라는 자만에 빠질 경우 현재의 문제점을 인식하지 못할 뿐만 아니라 자신의 역량을 키우는 데 방해가 된다. 특히 이해 당사자들로부터 신뢰를 얻는 데도 한계가 있다. 반면 성공하는 자는 자신의 아이디어나 기술에 대해 자신감은 갖되, 더 높은 단계를 위해 현실 인식을 70% 정도 낮추는 자세를 취한다.

넷째, 항상 '겸손'을 미덕으로 삼아야 한다는 점이다. 흔히들 사업하는 사람들은 자신의 능력과 자존심 과시용으로 분수에 맞지 않게 행동하는 소위 보여 주기식 처신과 甘言利說 감언이설로 상대방을 현혹시키려 한다. 인간 사회란 두 번만 만나면 실체가 드러나기 때문에 오히려 가진 것은 없어도 겸손하면서 진솔한 모습을 보일 때 비로소 신뢰를 얻을 수가 있다. 내실을 다져야 한다는 뜻이다.

마지막으로 당부하고 싶은 이야기는 자신에게 '믿음'을 가져야 한다. 무슨 일이든 자신의 능력과 의지를 믿지 못하면 성공할 수가 없다. 특히 사업은 더욱 그러하다. 성공한 사업가들은 수많은 고비가 닥쳐도 중도 포기하지 않고 끝까지 자신을 믿었다는 공통점이 있다.

　아무쪼록 인생 멘토 입장에서 전하는 몇 마디 이야기가 혈기와 의욕으로 가득 찬 청년 창업가들에게 조금이라도 도움이 되었으면 한다.

| 금동일/국가안보전략연구원 연구위원 |

'꼰대' 소리 들을 걸 무릅쓰고 몇 가지 말씀을 드릴게요

1. 설득력을 키워라. 투자자나 잠재 고객들 앞에서 생각과 사업 모델을 펼쳐 보일 기회, 절대 쫄지 마세요. 발표할 내용 충분히 연습하면 더듬지 않습니다. 마이크 잡는 법도 익히고, 속으로 그냥 '짜식들!' 하고 당당히 서세요. 스티브 잡스도 PT 연습 1천 번 했다는군요. 얼버무리면 기회, 한 방에 날아갑니다.

2. 미래변화를 읽어낼 안목을 키워라. 디지털 대전환의 시대, 진성 데이터가 돈이 됩니다. 디지털화된 데이터, 컴퓨터가 읽어내 정보 주체에게 맞춤형 편익을 제공할 수 있습니다. 미리 배우고 준비해서 안목을 키워 기회를 잡고, 모든 이해관계자의 도움을 받아 성공의 길로 한 발짝 나아가시기 바랄게요.

3. 성공한 창업자를 만나거든 그가 하고 싶은 얘기만 듣지 마라. 숱한 어려움을 어찌 이겨냈는지 숨은 이야기, 내가 듣고 싶은 걸 물어 성공의 지혜를 훔쳐 내세요. 개발자에게만 맡겼다가 낭패 봤다, 분야 지식과 개발 지식 모두 다 알아야 리드할 수 있다, 좋은 팀원을 찾아내서 함께 가라 등등 얘기도 버릴 얘기는 아닙니다.

4. 내 사업 분야와 관련된 법률 행위의 달인이 돼라. 법률 행위에 따른 책임은 고스란히 내 몫, 계약할 때도 조항의 효과가 뭔지 꼼꼼히 살필 수 있어야겠죠. 내 사업 분야 법에 대해 전문가 수준의 지식이 있으면 더 좋겠지요. 도움을 줄 분들, 어디 있는지는 꼭 알아 두세요. 법적 책임 문제로 평판을 잃을 수도 있어요.

5. 내 모든 행위를 떳떳하게 설명할 수 있어야 한다.
Accountability. 누구에게든 그 전말을 당당하게 설명할 수 있어야 하지만, 어렵습니다. 하지만 전문가가 되면 뭐합니까? 자신의 그릇에 맞는 만큼만 성장할 수 있답니다. 만나는 사람들 성심껏 대하고, 여기에 신뢰를 얻어 간다면, 나도 그분들의 도움을 받을 기회 꼭 옵니다.

아무쪼록 남다른 전문 기술과 지혜를 쌓아, 우리 사회에 '선한 영향력'을 끼치는 훌륭한 기업가로 성장해 가시도록 축복을 빌어 드리겠습니다. 파이팅!

| 이해붕/금융감독원 부국장 |

창업은 농업입니다

농부가 밭을 갈고 거름을 주면서 겨우내 얼었던 땅을 녹이고, 땅에 충분한 기운을 불어넣은 다음에 씨를 뿌리고 물을 주어가며 싹을 틔웁니다.

봄의 찬 기운이 싹을 얼게 할까, 여름의 태풍에 부러질까, 가뭄과 홍수를 걱정하며 밤새워 밭두렁에서 지켜내는 것이 농부의 삶입니다. 때가 되면 익어질 수확물에 대한 환희를 기대하며 견뎌내는 것이지요.

창업도 이와 같은 농업입니다. 그런데 인내하고 때를 기다리지 못하고 돈을 벌고 싶다는 욕심에 풋사과를 따서 먹으면 배탈도 나고, 상품성도 망치게 되는 것이지요. 때를 기다릴 용기가 없다면 창업을 해서는 안 됩니다. 견딜 줄 알고, 참을 줄 알고, 때를 볼 줄 아는 사람이 창업을 해야 성공할 수 있는 것입니다.

청년 창업자들이 가장 간과하는 부분일 수 있어서 농업에 비유해 조언을 해주고 싶었습니다.

돈 벌고 싶어서 하는 사업인 거 압니다.

돈 벌어야지요. 이왕이면 많이 벌어야지요. 벌어서 할 일이 많고, 쓸 일이 많잖아요.

그것이 목적인 거 압니다.

그러기 때문에 좀 더 철저히 준비해야 합니다. 창업할 분야에 들어가 적어도 5년 이상은 바닥부터 일하며 속속들이 세포에 새겨야 합니다. 재벌가들도 자녀들에게 후계 수업을 시킬 때 바닥부터 배우게 한다고 합니다. 동종 타 기업에 취업해 기초 교육을 받게 하기도 한다고 합니다.

　그래도 재벌이고 후계자니 무조건 좋은 조건에서 사업을 하겠지만, 청년 창업자들은 모험심과 도전정신 하나 가지고 해야 되는 상황이니 더더욱 기초 훈련을 철저히 받아야 하는 것입니다.

　그런 기본 과정을 거치지 않으면 실패라는 문지기가 기다릴지 모릅니다. 최소한 5년은 바닥부터 철저히 익히고 창업을 하라는 조언을 해주고 싶습니다.

| 정은아/우아성 한의원 대표원장 |

선배들이 청년 창업자에게 보내는 편지

안녕하세요, 청년 창업자 여러분!

자신만의 아이템으로 용기를 갖고 창업에 뛰어든 것이 엊그제 같을 텐데요, 창업 현장은 전장처럼 정신없이 하루하루를 넘기기가 쉽지 않을 겁니다.

내가 가진 아이템으로 충분한 성과를 내고 애초 생각한 '유니콘' 기업으로 갈 것이란 꿈과 희망도 현실적인 한계와 걸림돌에 패기가 꺾이기도 할 것입니다. 하지만 여러분이 세상에 자신만의 아이템으로 창업을 하겠다고 나선 그 순간부터 역사의 한 발을 내딛고 나선 것입니다.

최종 성과를 거두기 위해 자신과 기업의 이름을 알리기 위해 미디어를 활용하려 항상 고민할 텐데요. 자신만의 콘텐츠를 잘 다듬어 세상에 이름을 알릴 준비가 되어 있다면 자신 있게 도전해 알리시기 바랍니다.

다만, 자신의 비즈니스 모델과 계획에 맞춰 단계별로 접근하시기 바랍니다. 요란하게 이름만 알리고 기자들 이메일에서 소리 없이 사라지는 기업이 되기보다 주목받는 기업으로, 기자들이 먼저 전화하고 찾게 되는 기업이 되기 위해 고민할 수 있도록 매력 있는 미디어 전략을 수립해 주었으면 합니다.

신문과 방송 등 올드 미디어는 영향력이 감소하고 있고, 유튜브 등 SNS 뉴미디어를 활용하는 방법은 다양해지면서 기업을 홍보하기 위한 미디어와 방법을 선택하고 집중하는데 어려움이 커지고 있습니다.

5G 기술을 비롯해 AI인공지능, 클라우드, 빅데이터, 블록체인 등 4차 산업혁명 시대에 빠르게 변화하는 기술 진보 시대에 자신의 기업 콘텐츠와 서비스를 어떻게 조율해 홍보할지에 대한 고민도 더 커지고 있습니다.

특히 넷플릭스 등 해외 미디어에 이어 아마존, 구글 등 해외 기업들이 콘텐츠 플랫폼에 진입하면서 이에 따른 대비와 활용도 고려해야 하는 변화무쌍한 시기입니다.

필요한 분야에 적절한 시기에 콘텐츠를 활용할 수 있도록 도와주는 '콘텐츠큐레이터'로서, 홍보와 미디어를 활용하려는 여러분의 고민을 덜어주는 '미디어 액셀러레이터'로 도전하려는 청년 창업자 여러분에게 문을 항상 열어놓겠습니다.

| 김종윤/SBS CNBC 차장 |

선배들이 청년 창업자에게 보내는 편지

창업은 인생의 선택에서 아무나 선택할 수 있는 길은 아니다. 창업은 실패를 두려워하지 않는 패기와 여러 번의 실패를 겪을 수 있다는 가정하에 인내할 수 있는 준비가 된 사람들에게 제한적으로 도전할 수 있도록 열어준 특별한 이들의 선물이다.

사람의 삶에서 실패란 매우 고통스러운 경험이다. 하지만 이 실패는 많이 하면 할수록 우리에게 유익한 신의 선물이다. 적어도 몇 년 또는 몇십 년을 겪을 수도 있는 이 험난함을 인내하리라 준비된 사람만이 경험할 수 있는 길이라는 것을 나도 사회생활 30년 만에 깨달은 소중한 진리이다.

하지만 창업이 절망과 고통만을 우리에게 주지는 않는다. 더 성숙한 사람이 될 수 있는 특별한 경험을 선물로 주기도 한다. 고통이 주는 성장의 기쁨은 나중에야 깨달을 수 있는 것이기는 하지만, 마치 운이 다한 사람에게 주시는 신의 마지막 선물인 것처럼 말이다.

창업을 준비하면서 가장 중요한 것은 함께 도전을 할 수 있는 같은 비전을 꿈꾸는 동료가 있으면 더 좋다. 언젠가는 헤어질 수밖에 없겠지만, 동료가 친구가 되어 인생의 가장 험난한 과정을 함께할 수 있다면 외롭지 않을 뿐 아니라, 오랫동

안 조직을 발전시키는데 너무나 중요한 자원이다.

두 번째로 중요한 것은 전문성이다. 최소한 창업 분야에서 직원으로 겪어 봐야 하는 시간이 5년, 10년 이상이면 더 좋다.

세 번째, 소통의 기술이다. 이는 네트워크 관리와도 연관되어 있는 부분이어서 조직이 어려움에 처했을 때 상당히 필요한 부분이다. 내부적으로는 3년에서 7년 내에 조직의 위기가 도래하는데 친근감 또는 동료들끼리 소통 능력이 조직의 붕괴를 지연시키고, 더 나아가 문화로 싹트기 때문에 중요하다. 돈만 가지고는 문화는 만들 수 없다.

최소한 조직을 유지할 수 있기 위해서는 서로 간의 소통이 중요하다. 외부적으로는 물적, 인적 자원의 모든 소통 방식이 네트워크 활동에 달렸다고 해도 과언이 아니다.

그리고 꼭 필요한 것은 열정이다. 열정은 젊었을 때는 불굴의 의지와 패기, 그리고 끊임없이 도전하는 에너지로 말할 수 있지만, 나이가 들면 열정도 노련해져서 상당히 낙천적이고 조급해하지 않는 경향성으로 나타날 수 있다. 열정을 유지하기 위해서 필요한 것이 목표 의식이다. 내가 왜! 창업을 해야 하는지, 그 목표를 잃으면 언제든지 배는 난파선이 될 수 있다. 아무리 큰 배도 방향성을 잃으면 반드시 난파되고 말 것이다.

마지막으로 잠을 충분히 잘 수 있는 자기만의 시간을 가지라고 말해 주고 싶다. 다른 말로는 휴식이 필요하다. 나는 주로 잠을 잔다. 많이 잔다. 젊었을 때는 거의 잠을 못 자면서 일했으나, 나이가 50이 되면서 몇 년 전부터는 잠을 되도록 많이 자려고 노력한다.

창업은 아주 똑똑한 사람들이 하는 것 같지만, 그렇지 않다. 대부분은 타고나는 재능이나, 또 재능이 없어도 약간의 기질이 창업의 길로 인도한다고 나는 생각한다.

나는 좋은 일류대학은 문턱에도 가본 적이 없다. 그리고 당연히 대기업은 경험해 본 적도 없다. 또 연봉을 높이 받아 본 적도 없다. 오히려 항상 경쟁하는 자리를 피해서 살았고, 중앙이 아니라 가장자리를 선호했으며, 인생에서 가장 중요한 30대 후반에서 10년간은 비영리단체를 동료들과 함께 창업하면서 임금을 가장 적게 주어서 그 조직에서 일을 했다. 누가 보더라도 실패자라는 낙인이 찍힐 만한 삶이었지만, 단 한 번도 스스로를 실패한 인생이라고 여겨 본 적이 없다. 지금도 그렇고 앞으로도 그럴 것 같다. 이유는 내가 지금 하고 있는 창업의 길과 계속되는 도전의 삶은 나를 지탱해 주는 존재 이유이기 때문이다. 일이 좋아서 하는 것이기도 하지만, 더 중요한 것은 분명한 이유가 있어서 하는 것에 조금 더 가깝다.

창업은 세상을 보는 눈을 현실적으로 바꾸어서 미시적인 이해관계에 함몰될 수 있는 단점도 줄 수 있지만, 반대로 날

개를 단 사람처럼 계속 비상하게 하는 놀라운 선택을 하게 하기도 한다. 사업을 함에 있어서 위험을 안고 살아가는 열정은 아주 중요하다. 항상 위기를 즐기라는 것이다. 문제는 풀지 못하면 실패하지만, 그 문제를 푸는 과정에서 인간은 놀라울 정도의 능력이 발산되기도 한다. 때론 페달을 밟지 않으면 넘어지는 자전거에 앉은 느낌으로 생활고에 허덕이며 몇 년, 또는 몇십 년을 돈에 허덕이며, 사람에 치이고 살림살이에도 치이지만, 내가 하려고 하는 분명한 그 목표를 보고 달려가다 보면 실패로 끝나지 않고, 반드시 작은 성과들로 최소한의 쉴 수 있는 자리들이 마련되기도 한다. 마치 큰 대양을 넘나드는 철새들처럼 말이다. 그런 작은 성공의 경험들이 쌓였을 때, 창업의 성공이 열리는 경험을 했으면 한다.

창업은 그런 모험이 펼쳐지는 여행이다. 종교 신학자이자 실존주의 철학자여였던 화이트헤드 Alfred North Whitehead 는 "종교는 순례의 길"이라고 했다. 창업의 길 역시 인생에서 꼭 겪어 볼 만한 '순례의 역경'이다.

이런 말을 하는 필자 역시 순례의 역경을 기분 좋게 뛰어가는 중이다. 능력의 유무는 최소한 필요하지만, 불굴의 의지가 있다면 그것도 그렇게 중요한 창업의 조건은 아니다. 돈 역시 그렇게 중요하지 않다고 본다. 세상의 돈이 모두 내 돈이라는 생각이 있다면, 최소한 돈을 벌기 위한 목적으로 창업의 길을 선택하지는 않을 테니까 말이다.

나는 목사다. 감리교회 목사가 되기 위해 14년이라는 세월을 신학이라는 공부를 하였는데, 결론적으로 목회자로서 창업에는 실패한 사람이다. 그 전과 후에도 많은 실패를 했다. 하지만 창업의 세계에서 구체적으로 이제는 사회적 경제기업을 창업하는 과정에서는 나와 함께하는 사람들에게 영혼의 길잡이가 될 수 있는 목표를 위해 최선을 다하고 있다.

'당신이 목사라면 돈을 버는 것이 영혼의 구원과 무슨 상관이냐고?' 물을 수 있겠지만, 나는 단호히 말한다. "세상의 모든 깨달음은 돈을 초월하는 순간 시작된다"고 말이다. 초월한다는 말은 사전적 의미를 넘어서 경제적 의미로 국한한다면 생산과 분배를 충분히 경험한 사람만이 할 수 있는 말일 것이다. 기독교에서는 이 깨달음을 구원이라고 말할 수 있다. 하느님에게로의 귀의라고 할까?

그런 의미에서 창업은 경험주의자가 더 적합하다. 실천하지 않으면 아무 일도 일어나지 않는 영역이므로 그렇다. 모든 영역을 통틀어서 '기도는 노동'이다. 신이 주신 노동이 형벌이 아니라, 소중한 순례의 길이 되는 이유다. 그래서 땀 흘려 노동을 할 만한 가치가 있다. 중요한 것은 함께하는 사람들이 있기 때문에 행복할 수 있다는 것이다. 창업의 길이 험난할수록 함께할 수 있는 사람들이 더 풍성해진다.

감사한 일이다. 눈물의 빵을 함께 먹어 본 사람들과 평생 친구로 살아갈 수 있는 경험을 했으면 한다. 그러기 위해서는 많이 벌어서 많이 나눠라. "나누기 위해 벌어라"라고 말했던 감리교회의 창시자 존 웨슬리 John Wesley 의 말처럼, 하나님의 구원은 나누는 것에 있다. 자기 것을 나누는 것, 창업의 성공에서 가장 마지막 단계가 나누는 것이어도 좋지만, 그 과정 속에서도 끊임없이 나눌 수 있다면 창업은 꽤나 흥미롭고 보람이 있는 직업임이 틀림없을 것이다.

　이 글을 보는 이들과 같이 나도 계속 이 순례의 역경을 즐기면서 가고 싶다. 그러면서 한 인간으로서 계속 성장하고 싶다. 성공은 사랑하는 것에 있다는 것을 잊지 않으면서 함께 이 길을 가는 사람들이 더 많아졌으면 좋겠다.

| 오범석/사회복지법인 송죽원 이사장 |

이 시대 소셜 임팩터를 꿈꾸는
청년 창업 후배들에게!

반갑습니다! 소셜 네트워커 박상규입니다.

"국민 여러분, 요즘 살림살이는 좀 나아지셨습니까?" 약 20년 전 한 진보 정치인이 유행시킨 문장이 생각나는 요즘… 개인의 생각과 경제적 이익을 넘어서는 사회적 공동체를 염두에 두고 고민하며 활동하는 청년 창업가들을 만날 때마다 기대도 있지만 걱정이 앞서는 것은 저만의 생각이 아닐 듯합니다.

청년 창업가 여러분, 시대가 바뀌고 있습니다.

내가 처음 사회적기업을 접했던 2007년도에는 "사회적기업이란, 물고기를 잡아 주던 방식에서 벗어나 물고기 잡는 기술을 알려 주고 잡은 물고기를 가공할 수 있는 시설을 만들어 주어 장애인, 다문화, 노인 등 경제적 자활이 어려운 소외 계층들에게 일자리를 만들어주는 기업"으로 소개받았었습니다. 2008년 미국발 국제 금융위기가 전 세계를 강타하고 2012년 UN이 세계협동조합의 해로 지정하면서 사회적 경제 영역은 빠르게 발전되어 왔는데 우리나라의 경우 지난 10여 년간 공공근로 영역의 대부분이 일자리 창출 프로그램과 사업비 진행 형태로 변경되었고 창업의 이슈가 연결되면서 소셜 임팩트, 소셜 벤처 등 국가의 주요 경제 정책의 한 부분으로 자리 잡게 되었고 이제는 민간 주도의 새로운 기준, 즉 대중주도 탈중앙화 및 지속가능성, 소셜 임팩트를 특징으로 하는 새로운 기준 즉 '신 뉴노멀'이 필요한 시대가 되었습니다.

청년 창업가 여러분, 그래서 이제는 우리가 함께해야 합니다.

사회적기업이 강조하는 협동의 시대가 되었기 때문입니다. 4차 산업과 공유경제, 블록체인과 스마트시티 등은 따로따로이지만 상호 연계할 수밖에 없는 얼라이언스 전략이 필요합니다. 절대로 개인이나 기업, 어느 단체 혼자서 할 수 있는 영역은 거의 없는 대단히 복잡하고 어려운 사회가 되었습니다. 씨줄과 날줄과 같이 상호 복잡하게 작용하는 원리들을 각개전투식으로 해결할 수 없는 것이지요…. 하물며 그 지역의 사회문제를 비즈니스 형식으로 풀어나가기 위해 존재하는 사회적기업이 함께 연대하지 않는다는 것은 상상할 수 없는 일입니다. 청년과 노인, 전문가와 경력 단절 인원, 그리고 장애인, 다문화인, 탈북민과 미혼모 등 소위 말하는 경제적 소외 계층들의 창업과 창직 문제에 대한 불편함 해소를 넘어 반드시 해결하겠다는 근성과 창조적 비즈니스 모델 마련, 그리고 더 중요한 실행력을 갖추어 함께 이 길을 걸어 나가기를 바랍니다.

힘들고 어려운 이야기, 즉 부정적인 뉴스가 매일 매스컴을 장식하고 있습니다. 답답하다 못해 두려운 공포감마저 조장되는 것이 현실입니다. 이럴 때일수록 함께 모색하고 의지하는 희망의 '협동'이 매우 중요합니다. 행복을 꿈꾸십시오! 각자 개인뿐 아니라 더불어 행복하게 잘 살 수 있는 세상을 만들어나가는 '소셜 임팩터'의 꿈을 말입니다!!

| 소셜네트워커 박상규 드림 |

05. 선배들이 청년 창업자에게 보내는 편지

평화경제를 이끌 미래의 일꾼들에게

　정부는 남북 교류의 중요성과 실현 의지에 대해서 "남북경협을 통해서 경제 통일과 평화 경제를 이룩할 수 있으며, 이 과정에서 아무도 흔들 수 없는 나라를 만들 수 있다"는 표현으로, 남북 교류의 중요성과 추진에 따른 성과에 대한 의미를 함축적으로 표현하고 있다.

　2019년 9월 23일 뉴욕 유엔총회 연설에서 문재인 대통령은 "국제사회의 지지와 협력으로 칼이 쟁기로 바뀌는 기적이 한반도에서 일어나기 기대한다"고 발표하면서 이제 진정한 전쟁과 갈등의 시대를 끝내고 남과 북이 상생할 수 있는 방안으로 '전쟁 불용의 원칙', '상호 간 안전보장의 원칙', '공동 번영의 원칙'을 천명하고 국제사회의 협력을 요청하였다.

　정부의 이러한 정책은 정권이 바뀌어도 지속 가능하도록 제도적인 뒷받침이 되어야 한다. 그동안 우리의 남북 교류 정책은 정권이 바뀌면서 지속과 중단이 반복되어 왔다.

　그럴 수밖에 없던 이유는 70년이라는 오랜 분단 기간 동안 20년도 채 안 되는 남북 교류 경험을 기준으로 그때마다 정권의 성격에 따라 지난 정부의 정책에 대해서 분석하고, 정책 결정권자의 의지에 부합하는 새로운 정책을 수립하고 적용을 해왔기 때문이고, 무엇보다도 진보와 보수라는 틀에서 미국과 국제사회의 여건 변화에 따라 대응하는 방식이 달랐기 때문일 것이다.

국내 남북관계의 전문가들이 평가하는 지난 정부의 대북 정책은, "포용과 회유라는 김대중·노무현 정부의 정책으로 남북 간의 화해와 협력에 기여를 했고", "압박과 통제를 통한 이명박·박근혜 정부의 정책은 원칙에 입각한 대북 정책으로 제한된 대북 통제의 분위기는 표현할 수 있었다"고 평가하고 있다.

다만, 이들 정책에 대해서는 김대중·노무현 정부의 정책을 상대적으로 높게 평가하고 있지만, 공통적인 의견으로 지적하는 문제점이 있다. 그 지적 사항은 "이들 정부 공히 남한이 주도적으로 북한을 변화시킨다는 정책 기조하에 대북 정책을 펼쳐왔기 때문에 실질적인 남북 협력을 끌어내는 데에는 한계가 있었다"라고 하는데 의견을 같이하고 있다.

더불어 중요한 요인은 대북 정책의 성과는 공공재이기 때문에, 대통령의 철학이나 정부의 일방적인 결정에 의해서 진행되어서는 안 되고, 관계 부처와 관련 전문가의 전문성을 바탕으로 국민과 함께 결정하고 실천해 나가야 한다는 데 의견을 같이하고 있다.

따라서 남북 교류를 위한 정책은 여당과 야당, 진보와 보수를 구분하지 않고, 지난 경험을 상호 인정하고 존중하면서,

발전된 대북 정책을 수립하고 실천해 나가야 할 우리 민족의 숙제인 것이다.

현 정부가 추진하는 대북 정책은 지난 20여 년간의 정부가 경험했던 다양한 정치적, 경제적, 국제사회의 관심에 대한 사항들을 망라해서 분석한 국내 전문가 단체들의 의견을 수렴해서 수립되고, 진행되는 것으로 알고 있다.

이제 여야 구분 없이 국민적인 관심사로 다시 한번 기회가 주어진 남과 북의 상생과 공동 번영을 위한 민족적인 사안에 대해서 정권이 바뀌어도 지속 가능한 "100년이 지나도 변하지 않을 대북 정책"이 수립되어, 남과 북이 하나가 되어 민족의 발전을 이루어 나갈 수 있도록 해야 한다.

경제 통일과 평화 경제를 실현하기 위해서는 미국, 중국, 러시아, 일본 등 한반도를 둘러싸고 있는 주변국들의 영향을 받는 것이 현실이지만, 기본적으로 우리 정부와 국민들의 의지가 우선이라고 하겠다. 이들 주변국들 특히 북미 관계의 정치적인 변화는 한 치 앞을 내다볼 수 없을 정도로 변화되고 있고, 이를 전환시키기 위한 우리 정부의 끈질긴 노력에도 불구하고, 미국의 입장에 따라 결정력이 뒤따르기 때문에 우리 정부의 독자적인 영향력은 미치지 않고 있다고 볼 수 있다.

따라서 우리 국민이 단합된 힘으로 남과 북의 관계 개선에 직접 개입하도록 노력해야 한다.

기성세대의 북한에 대한 경험은 분단 70년이라는 기간 동안 이데올로기적인 영향에 의해서 양분되었고, 특히 정치가들의 권력 확보 수단으로 북한을 정치적으로 활용함에 따라 국민적인 양분화 현상이 지금도 보수와 진보라는 틀로 구분이 되어 우리 민족의 통합에 걸림돌이 되고 있다.

이제 우리 민족의 다음 세대를 이끌어갈 청년 세대에서는 기성세대의 관점을 객관적으로 평가하고, 이해를 해서 발전적인 남북관계로 이끌어나가야 한다. 기성세대는 주입식 교육에 의한 의식 고착 문제가 있었지만, 현재 글로벌 정보화 세계를 통한 4차 산업을 이끌어나가야 하는 청년 세대는 우리 민족이 가야 할 거시적인 안목으로 통일된 한반도에 대한 핵심 역할을 할 수 있을 것이라 굳게 믿는다. 이를 위해서 청년 및 스타트업 기업가들의 질의와 응답을 통해서 이해를 구해볼까 한다.

통일과 남북 교류 협력을 위해서 청년 기업가의 대북 이해도 증진이 필요하다!

| 정태헌/우리경제협력기업협회 회장 |

청년 창업가들에게

　반갑습니다. 젊은 청년 여러분을 이렇게 만나 보게 되어 영광입니다. 이렇게 이름 모를 청년 창업가들에게 인생의 선배로서, 창업 멘토로서 편지를 쓰려니 평생을 대학에서 학생들을 보육하고, 육성하는 대학조직을 운영하면서 고민했고, 경험했던 일들을 소회하게 됩니다.

　우리 기성세대가 사회생활을 하던 시기에는 산업화 사회가 정착되는 시기였지요. 그래서 일자리도 풍부했고, 대기업들도 많았답니다. 그러나 디지털 산업화가 진행되어 기존의 일자리가 줄어들고, 기존의 대기업들이 일자리를 축소하고 있는 21세기, 여러분이 살아가야 할 미래는 산업화 사회와는 전혀 다른 사회가 오리라는 것을 꼭 말해두고 싶습니다.

　전문가들은 지금 일자리의 70%가 없어지거나 바뀔 것을 예측하고 있지요. 제가 몸담고 있는 세한대학교는 지방의 중소 4년제 대학이지만, 이러한 사회적 변화에 맞춘 학생들을 육성하여 미래 사회에 적응하도록 하기 위해 다양한 노력을 하고 있습니다. 특히 세한대학 중장기 발전 계획에 취업과 창업, 창직을 각각 특화시켜 학생들에게 다양한 기회와 경험을 주려고 노력하고 있습니다.

　이제 여러분의 미래는 창직을 통한 프리랜서 전문가가 최고의 직장이 될 수도 있습니다. 창업이라는 길을 미리 맛본 청년 창업가들이 10년 후, 20년 후 우리나라 경제를 이끌어 갈 기업가가 되고, 삼성과 현대그룹을 뛰어넘는 기업을 만들게 될 것입니다. 취업을 통해 조직을 키우는 역량과 더불어 언제라도 창업과 창직을 할 수 있도록 개인 역량 또한 키워야 할 것입니다.

쉽지 않은 창업의 길에 서신 여러분께 멋진 응원을 보내며 앞으로 여러분이 대한민국의 미래를 이끌어 주시기를 진심으로 바라겠습니다.

| 최미순/세한대기술지주 대표이사 |

05. 선배들이 청년 창업자에게 보내는 편지

**이제 막 창업에 대해서 시작하고 생각하는
당신에게**

본인은 수능을 막 마치고 바로 창업이란 험난하고 고단한 길로 뛰어들었습니다. 그때에 나는 다른 사람들과 같이 놀기 좋아하고 창업의 'ㅊ'자도 모르는 스무 살이었죠.

저는 창업, 경영, 이런 것들을 사업을 하시는 아버지에게 얘기만 들었지 배워 본 적이 없었을 때였습니다. 그래서 해야 할 것들도 많고 배워야 할 것들도 많았던 것 같아요. 디자인 학원과 컴퓨터 학원을 다니고 하루에 2~3개씩 투자 유치 프로그램, 창업 박람회 등을 뛰어다녔고, 창업 공고가 나면 며칠씩 24시간 카페에서 밤을 새고 서류 심사에 통과하면 계속 발표 연습을 하고는 했죠.

이런 노력으로 창진원의 '기술혁신형 창업기업 지원 사업'에 붙어 지원금도 받아보고 내 사업 아이템을 꾸려 나갔죠. 제 나이에 5천만 원이라는 지원금은 너무 큰 돈이었기에 정성껏 사용했구요.

창업 준비 기간 때에는 정말로 힘이든 시간이었지만 회사를 차리고 첫 매출을 보는 순간 그 기쁨을 잊을 수가 없었죠.

이 책은 내가 창업을 하기 전까지 직접 발로 뛰어다니며 보고 들으면서 배워 왔던 흔적들을 그대로 정리한 책이에요. 별

다른 설명 없이 선배들이나 멘토님들께 들은 그대로 적어보았습니다. 어린 청년 창업가로서 내가 직접 겪어온 고민과 노력을 함께 느껴 보시고 이를 통해 창업하시는 데 힘이 되시기를 바랍니다.

마지막으로 창업을 준비하는 당신!

고달프고 힘이 들겠지만 끝까지 이겨내길 바랍니다.

| 대한민국 육군 55사단 봉화부대 상병 박주한 |
忠誠

05. 선배들이 청년 창업자에게 보내는 편지

고등학교 3학년 졸업을 앞둔 젊은 친구가 대학에 떨어지고 앞날을 걱정하고 있을 때 인생 선배로서 또한 부모로서 제안했던 것이 '청년 창업의 길'이었다. 물론 대학을 재수하는 길도 있었고, 기술이나 장사를 배우는 길도 있었다. 그러나 '청년 창업'은 새로운 시대를 여는 에너지원이라고 굳건히 믿고 있었기에 과감히 '청년 창업가'가 될 것을 제안할 수 있었던 것이다.

물론 쉽지 않은 결정이었다. IMF가 절정이던 1998년 스물아홉의 나이에 대기업을 뛰쳐나와 묻지마 창업을 했다가 8개월 만에 혹독한 신고식을 치르고 접어야 했던 경험이 있었던 나였다. 아무리 내 스스로가 창업 분야에서 액셀러레이터의 길을 겪고 있다 하더라도 '청년 창업'의 길을 98년생 만 열아홉의 내 자식에게 제안하는 것은 솔직히 쉽지 않은 결정이었다.

물론 1998년과 20년이 지난 2017년의 창업 기반은 완전히 달랐다. 창업자에게는 비포장도로와 고속도로 수준으로 차이가 난다고나 할까? 이만큼 교육이나 지원 시스템이 우수한 상황이다. 더불어 대입시험 잘 보고 대학 가서 대기업 취직하던 시대는 지나가고 있다. 이제 젊은 조기 창업자들이 사회 경험을 쌓으면서 살아 있는 공부를 경험을 해야 하는 시대가 도래하고 있다. 우리 세대와는 전혀 다른 프로세스의 인생을 살아야 하는 것이다.

문제는 그 임상실험의 대상이 내 자식이어야 한다는 데 있었다. 창업의 세계를 이해 못 하는 가족이나 친지들에게 열아홉 살 아이를 대상으로 사업을 시킨다는 것은 이해할 수 없는 무모함으로 보였으리라….

　아버지로서, 창업 액셀러레이터로서 1년간 창업을 준비시키고, 법인을 설립한 후 또 1년을 바라보는 동안 그 조마조마함과 초조함을 감추지 못했음을 인정한다. 남들은 그 나이에 대학 가서 한참 놀러 다닐 나이인데 평균 20~30년 위의 선배들과 어울려 다녀야 하고, 한여름과 한겨울 다리품 팔아가며 100여 군데나 교육와 행사에 참여하러 다녀야 했다. 그 넓은 전시회 현장을 누비며 정신없이 보내는 모습을 봐야 했다. 세금계산서를 발행하고 대관 업무 실수로 혼도 난다. 말도 생소한 사업계획서를 작성하느라 밤새 낑낑거리고, 열심히 작성한 지원사업 서류 신청에서 떨어지면 좌절한다. 혹 서류심사에 붙으면 프레젠테이션 자료 준비하느라 부담이고, 가족들 앞에서 발표 연습까지 해보지만 발표장에 가서 저승사자 같은 심사위원들 앞에 서는 것 자체가 엄청난 압박으로 돌아온다.

　바로 옆에서 조기 청년 창업자가 성장하는 모습을 지켜보면서 솔직히 편하지만은 않았음을 인정한다. 누구는 아이를 창업 시켜 놓고 왜 좀 더 적극적으로 개입을 하지 않느냐고 묻기도 하지만, 스타트업기업은 말 그대로 시동을 거는 기업이란 의미다.

　스타트업은 조직으로 운영되는 것이 아니라 창업자의 능력으로 운영된다. 따라서 창업을 지원하고 육성한다는 말은 창업기업을 육성하는 것이 아닌 창업자를 육성하는 데 초점이 맞춰져야 한다. 창업자가 제대로 된 경험을 가진 창업 플랫폼 전사戰士로 육성된다면 그 플랫폼 전사가 어떠한 아이템 전투戰鬪를 수행할 것인가는 나중의 문제가 된다. 어떤 아이템도 담을 수 있고, 성공시킬 수 있기 때문이다.

오히려 조기 창업자의 아이템을 평생 갖고 가라고, 꼭 성공시키라고 창업자에게 압력을 주는 것 자체가 스타트업에 대한 무지에서 나온다. 특히 인생이 긴 청년 창업자에게는 그들의 창업 아이템에 목매게 하지 않아야 한다. 언제든지 창업 아이템은 바뀔 수 있으며, 피벗Pivot할 수 있기 때문이다. 중요한 것은 청년 창업자가 제대로 배워 스스로가 강력한 창업 플랫폼으로 성장했느냐다.

이 책이 기업에 초점을 맞추기보다 청년 창업가의 경력, 이력, 자격증, 학력, 참가 경험, 실패 경험, 창업 교육 등 실질적인 역량을 향상시키는 '조기 청년 창업 임상실험'을 통해 좌충우돌하는 창업기를 적은 이유다.

우리 집의 장남을 어린 나이에 창업시키고 그 친구가 청년 창업자로서 자리를 잡는 2~3년간 옆에서 지켜보았다. 아이를 대상으로 한 '청년 창업 임상'을 마무리하면서 이 책이 완성되게 되었다. 이 책이 '청년 창업 임상보고서'라는 부제가 정해진 이유다.

이 임상 보고서가 우리의 미래를 바꿀 청년 창업가들에게 그들의 성장에 도움이 되길 바라며, 그들을 응원하기 위하여 책의 출판에 적극적인 지원을 아끼지 않으신 세한대학교기술지주 최미순 대표님과 그리고 미래의 청년 창업가들에게 편지와 답변으로 재능을 기부해 주신 금동일 국장님, 이해봉 국장님, 정태헌 회장님, 정은아 원장님, 오범석 이사장님, 박상규 대표님, 김종윤 기자님 등 共저자 여러분께 진심으로 감사의 말씀을 드린다.

박주한 · 박항준 드림

좌충우돌

청년창업

- 청년창업 임상보고서 -

초판 1쇄 인쇄   2020년 4월 22일
초판 1쇄 발행   2020년 4월 28일

주저자   박주한, 박항준, 최미순
공저자   금동일, 이해봉, 정은아, 김종윤, 오범석, 박상규, 정태헌

펴낸이   박정태
편집이사   이명수   출판기획   정하경
편집부   김동서, 위가연
마케팅   박명준, 김유경   온라인마케팅   박용대
경영지원   최윤숙

펴낸곳   북스타
출판등록   2006. 9. 8 제313-2006-000198호
주소   파주시 파주출판문화도시 광인사길 161 광문각 B/D
전화   031-955-8787   팩스   031-955-3730
E-mail   kwangmk7@hanmail.net
홈페이지   www.kwangmoonkag.co.kr
ISBN   979-11-88768-23-3 03320
가격   15,000원